本书系国家社科基金（教育学）课题"核心素养背景下教师课程决策权的社会学研究"（BHA190123）研究成果

核心素养背景下
教师课程决策的社会学研究

李洪修 著

Sociological Study of
Curriculum Decision-making of Teachers
in the Context of Core Competencies

中国社会科学出版社

图书在版编目（CIP）数据

核心素养背景下教师课程决策的社会学研究 / 李洪修著. -- 北京：中国社会科学出版社，2024.9.
ISBN 978 - 7 - 5227 - 3788 - 1

Ⅰ. G635.12

中国国家版本馆 CIP 数据核字第 2024XM7624 号

出 版 人	赵剑英
责任编辑	喻　苗
责任校对	胡新芳
责任印制	王　超

出　　版	中国社会科学出版社
社　　址	北京鼓楼西大街甲 158 号
邮　　编	100720
网　　址	http://www.csspw.cn
发 行 部	010 - 84083685
门 市 部	010 - 84029450
经　　销	新华书店及其他书店
印　　刷	北京君升印刷有限公司
装　　订	廊坊市广阳区广增装订厂
版　　次	2024 年 9 月第 1 版
印　　次	2024 年 9 月第 1 次印刷
开　　本	710×1000　1/16
印　　张	11.75
插　　页	2
字　　数	210 千字
定　　价	65.00 元

凡购买中国社会科学出版社图书，如有质量问题请与本社营销中心联系调换
电话：010 - 84083683
版权所有　侵权必究

序

2014年，教育部颁发了《关于全面深化课程改革 落实立德树人根本任务的意见》，标志着中国课程改革进入核心素养时代。2016年9月，《中国学生发展核心素养》正式发布，明确了以"全面发展的人"为核心的六大核心素养。学生核心素养的培育是一个复杂的过程，涉及选取与组织什么内容、以何种方式培育等诸多问题，这都需要教师在课程决策中予以科学回应。教师通过课程决策，将学生核心素养的理念与日常课程内容进行整合，能够实现理念的课程转化，显现出教师的主体价值。因此，重视教师课程决策的运作以及实践过程，既有利于促进中国教师决策模式的变革，找准课程改革的抓手；又可以从根本上提升核心素养的育人质量。当然，核心素养背景下的教师课程决策不仅是一个被认可的事件，更是在履行培育学生核心素养目标中不断被社会规律规范、被社会文化嵌构的具有高度社会学意义的行为。因此，在社会学视角下开展核心素养时代的教师课程决策研究具有重大意义。反观已有的研究，更多聚焦于教师课程决策的实施层面，而对核心素养背景下教师课程决策的来源、层级、特征的研究缺少关注，对其运行机制与价值取向的分析不够透彻，缺少对课程决策的社会学基础研究。

李洪修教授从事多年课程社会学研究，具有丰富的研究经验和独特的研究视野。本书中，作者以学生核心素养的发展为背景，紧扣社会学的理论基石，围绕课程决策展开了全面且系统的研究。在研究过程中，李洪修教授着眼于学生核心素养发展的时代命题，将组织社会学、哲学社会学等社会学理论有机融入教师课程决策的研究中，深入理解和分析了教师课程决策的本质和规律，使广大研究者和学习者能够更加明晰社会学视角下教师课程决策的概念、主要内容及作用机制，准确把握当前核心素养背景下教师课程决策的运行状况，了解核心素养背景下教师课程决策的异化行为，明确核心素养背景下教师课程决策的提升策略。

纵览全书，本书详细解读了教师课程决策的社会学基础，并阐释了核心素养背景下教师课程决策的实然现状、影响因素以及提升策略。全书内容主要包括绪论、教师课程决策的异化阐述、教师课程决策的影响因素与实现路径三个部分。第一部分在已有研究的基础上对社会学视域下教师课程决策的内涵、基本要素和基本过程进行全面解读，对社会学视域下教师课程决策的来源、层级与特征、运行机制与价值取向进行探究。同时，本书通过公共生活、集体行动以及社会网络等视角，解读课程决策的作用机制。第二部分在扎根中小学一线实践的基础上，对已获取的材料进行总结阐述，逻辑严谨地分析了现实中教师课程决策的异化，以及在运行过程中存在的问题。第三部分从个体层面、关系层面、组织层面出发，剖析了影响教师课程决策的多方因素，并在此基础上围绕知识建构、集体行动、关系网络、公共生活四个方面探究了教师课程决策的实现路径。

本书在教师课程决策研究的思路方面有所创新和突破，展现了研究的严谨性和科学性。全书思路清晰，论证过程充分，学术语言表达规范。本书的主要创新之处在于：第一，开阔教师课程决策研究的新视角。本书将有助于改变过去教师课程决策聚焦于政策学研究范畴的局面，深入挖掘教师课程决策的社会学规律和意义，为教师课程决策的研究提供一个崭新的视角。第二，拓展课程社会学的研究范围。本书将改变以往课程社会学研究聚焦于课程内容价值属性分析的局面，重点考察课程在学校环境中的运作过程，把教师课程决策看作一个动态的社会学实践过程，这将进一步拓展课程社会学研究的范围。本书除采用田野研究的基本范式之外，还尝试引入网络分析等方法开展研究，这将有助于更新课程社会学研究的思路和方法。第三，为教师课程决策能力的提升提供理论支撑。本书通过收集整理文献，开展实践调研，探究了学生核心素养的实现问题。从真实课程环境中发展而来的课程理论是对课程实践的深刻反映，这既能促进教师课程决策理论的深入发展，也能为当前教师的课程决策提供重要的实践指导。

是为序。

2024 年 6 月

目　　录

绪　论 …………………………………………………………（1）
　第一节　研究背景 ……………………………………………（1）
　　一　新时代核心素养落地的现实诉求 ………………………（1）
　　二　中国课程社会学研究的迫切要求 ………………………（2）
　　三　教师课程决策面临的实践化困境 ………………………（3）
　第二节　研究内容 ……………………………………………（4）
　第三节　研究价值 ……………………………………………（5）
　　一　理论价值 …………………………………………………（5）
　　二　实践价值 …………………………………………………（6）
　第四节　文献综述 ……………………………………………（7）
　　一　课程社会学视角下课程决策的相关研究 ………………（7）
　　二　教师课程决策的相关研究 ………………………………（14）
　　三　研究述评 …………………………………………………（23）
　第五节　研究设计与方法 ……………………………………（25）
　　一　研究思路 …………………………………………………（25）
　　二　研究对象 …………………………………………………（26）
　　三　研究方法 …………………………………………………（27）

第一章　教师课程决策的社会学概述 …………………………（30）
　第一节　教师课程决策的内涵 ………………………………（30）
　　一　教师课程决策的含义 ……………………………………（30）
　　二　教师课程决策的范围 ……………………………………（34）
　第二节　教师课程决策的构成要素 …………………………（35）

一　课程决策者 …………………………………………………（35）
　　二　课程决策对象 ………………………………………………（36）
　　三　课程决策信息 ………………………………………………（37）
　　四　课程决策准则 ………………………………………………（38）
　　五　课程决策结果 ………………………………………………（39）
第三节　教师课程决策的来源与特征 ………………………………（40）
　　一　教师课程决策的来源 ………………………………………（40）
　　二　教师课程决策的社会学特征 ………………………………（44）
第四节　教师课程决策的运行过程 …………………………………（49）
　　一　获得：从"制度赋予"走向"内化自控" ………………（49）
　　二　实施："个体—集体—关系"架构中的决策运作 ………（51）
　　三　反思：兼顾"调适"与"修正" …………………………（53）

第二章　教师课程决策的社会学基础 ………………………………（55）
第一节　集体行动视域下的教师课程决策 …………………………（55）
　　一　集体行动理论的解读 ………………………………………（56）
　　二　集体行动理论视域下教师课程决策的内涵 ………………（59）
　　三　集体行动理论视域下教师课程决策的实施逻辑 …………（60）
第二节　社会网络视域下的教师课程决策 …………………………（62）
　　一　社会网络的解读 ……………………………………………（63）
　　二　社会网络视域下教师课程决策的内涵 ……………………（66）
　　三　社会网络视域下教师课程决策的实施逻辑 ………………（67）
第三节　公共生活视域下的教师课程决策 …………………………（72）
　　一　公共生活的解读 ……………………………………………（73）
　　二　学校公共生活中教师课程决策的内涵 ……………………（76）
　　三　学校公共生活中教师课程决策的实施逻辑 ………………（77）

第三章　核心素养背景下教师课程决策的异化 ……………………（81）
第一节　核心素养背景下教师个体课程决策的偏越 ………………（81）
　　一　教师课程决策的抵制 ………………………………………（82）
　　二　教师课程决策的偏误 ………………………………………（87）

第二节　核心素养背景下教师课程决策网络的封闭化 ……(93)
  一　教师课程决策关系网络的不对称性 ……………(93)
  二　教师课程决策关系网络交互的单向性 …………(97)
第三节　核心素养背景下教师集体课程决策的组织局限 …(101)
  一　教师集体课程决策参与的不平衡 ………………(102)
  二　教师集体课程决策合作的不协调 ………………(106)
  三　教师集体课程决策制度制定程序的不公正 ……(110)

第四章　核心素养背景下教师课程决策的影响因素 ………(115)
第一节　个体因素：教师个体作为教师课程决策的基本单位 …(115)
  一　教师个体的集体认同影响课程决策执行的意愿 …(116)
  二　教师个体利益诉求影响课程决策执行的过程 …(119)
  三　教师个体资本影响课程决策执行的能力 ………(122)
第二节　关系因素：互动关系作为教师课程决策的结构系统 …(126)
  一　位置关系影响教师课程决策的分配 ……………(127)
  二　强弱关系影响教师课程决策的实现 ……………(131)
第三节　组织因素：学校组织作为教师课程决策的微观环境 …(135)
  一　组织结构影响教师课程决策的效果 ……………(136)
  二　组织制度影响教师课程决策的执行 ……………(138)
  三　组织文化影响教师课程决策的变革 ……………(140)

第五章　核心素养背景下教师课程决策的实现路径 ………(143)
第一节　在知识建构中实现教师课程决策 …………………(143)
  一　赋予教师课程决策权，促成知识向普遍性转变 …(143)
  二　加强教师的课程知识理解，提升课程决策素养 …(145)
  三　统筹知识的内在联系，建构课程知识统整格局 …(147)
第二节　在集体行动中实现教师课程决策 …………………(149)
  一　凝聚教师课程决策的集体认同 …………………(150)
  二　转变教师的集体课程决策观念 …………………(152)
  三　调节决策集体的组织结构与互动方式 …………(154)
第三节　在社会关系网络中实现教师课程决策 ……………(157)

一　利用网络结构的性质，完善教师课程决策的信息供给 … (157)
　　二　缩小网络位置的差距，平衡教师课程决策的信息分配 … (159)
　　三　提高教师个体中心度，促进教师课程决策的信息流通 … (160)
第四节　在学校公共生活中实现教师课程决策 …………… (162)
　　一　重塑教师公共人身份，推动教师课程决策真实落地 …… (163)
　　二　建立学校公共制度，为教师课程决策提供制度保障 …… (165)
　　三　发展学校公共文化，为教师课程决策提供文化支撑 …… (167)

参考文献 ……………………………………………………… (169)

后　记 ………………………………………………………… (178)

绪　论

第一节　研究背景

一　新时代核心素养落地的现实诉求

新课程改革逐步推进，引领着中国教育改革进入深水区。在此背景下，教育部于2014年发布了《关于全面深化课程改革　落实立德树人根本任务的意见》。由此，中国的课程教学改革开始进入核心素养时代。核心素养指标体系从中观层面回答了"培养什么样的人、怎么培养人"的问题。在世界教育改革如火如荼开展以及中国教育全面进入深水区的趋势下，核心素养的提出也间接回答了"学校教育究竟应该教给学生什么"的内生性问题。新时代，核心素养面临着如何有效落地的现实诉求。教师作为教学的主体，在联结学生和促进核心素养落地方面具有非常重要的作用。因而，在核心素养时代背景下，教师对知识的判断、拣选、提炼等课程决策成为培育学生核心素养的关键性问题。聚焦教育实践场域，教师在教育教学中不可避免地面临着应该选择什么样的知识、挑选谁的知识等一系列决策性问题，这在一定程度上影响着学生核心素养的发展。总之，作为课程决策的主体，教师可以探究和反思学生核心素养培育的具体指向、表征方式以及实现途径，并在此基础上为学生核心素养的培育制定出科学的、有针对性的决策方案，最终推进核心素养的落地。

教师作为教学的主体，其知识与权力之间的关系与特征会表现得更加鲜明。具体而言，教师在参与课程决策的过程中，有权对教学内容表达自己的意见并做出选择，即通过对课程的运作和实施做出决定并开展实践。这更加凸显了教师的育人价值，而育人价值的发挥对核心素养的落地具有重要的支撑作用。因此，强调教师的课程决策，既有助于落实核心素养，强化课程改革效果；也有助于提高教师对课程决策理论和实践的认识，促进中国教师观念的革新和课程决策模式的改变，从而提高教师教育教学的水平和质量。总而言之，教师在进行课程决策时，需要将核心素养培育的现实诉求与学生的日常学习生活进行有机整合，从根本上助推学生核心素养发展，进而有效促进核心素养的落地。基于此，加强教师课程决策的研究既能够回应核心素养的现实需求，也能够促进教育教学质量的提升。

二 中国课程社会学研究的迫切要求

课程社会学研究发端于麦克·扬（Michael Young）在1971年出版的《知识与控制》一书。学界普遍认为，学生、教师以及知识的组织都是社会建构的结果，不应该将学校对官方课程知识的选择、组织和传递看作客观存在的事实，而是要意识到是某些社会群体及其意识形态发挥的作用，同时也要认识到围绕课程展开的一系列活动均是社会建构的结果。在此背景下，学界也展开了一系列基于权力与知识、意识形态与课程教学的关系等方面的学术研究。在课程社会学视域下，课程具有独立性这一概念并不是绝对的，而是相对的。换言之，离开了社会学的支撑，课程理论便会抱残守缺。这表明研究者需要吸收课程社会学的一系列理论基础和研究成果，并在此基础上完善和丰富课程理论。自20世纪90年代末以来，随着民主化思潮的深入人心，课程社会学有了更加明确和迫切的研究需求。由此，社会对课程价值的认识和指向逐渐从宏观转向了微观，更加关注课程对学生个体成长的价值，促使学校对课程的要求逐渐走向境脉化。在这样的背景下，通过对既往课程社会学研究的反思，学界开始意识到，课程社会学的研究应该由"社会建构论"走向"社会实在论"。由此，学界开始再一次重新审视知识的社会建构性问题。"社会实在论"的提出，表明研究者开始认识到课程研究的"实践转向"不仅要关注静态的课程知识，更要关注具体情境中课程的"动态"转化与运作。因此，课程社会学的"实践转向"促使研究者反思以往课程研究中的一些重要议题。

基于课程社会学的"实践转向"，国内学界也开始重新关注知识的社会性关系问题，并逐渐达成共识。具体而言，首先，知识具有动态性，无法被简单还原成某一种具体的符号，课程知识也不仅仅停留在"符号暴力"的图圈内。因此，在课程社会学的视域下，教师亟待在具体的实践情境中了解和把握课程知识的组织体系。其次，学生获取知识的机会不均等，需要教师重新审视自身在课程运作过程中的价值取向。再次，知识在生产、组织、分配的过程中具有特定的结构性程序，因而教师在课程运作中也必须关注课程知识的序列性和结构性，认清学科结构与学生思维之间的关系。最后，课程知识的意识形态属性要求教师对知识属性具备较高的敏感性。由此可见，课程社会学的"实践转向"，使得课程社会学的研究已然在世界范围内出现转折，这也映射出中国对课程社会学研究的需求愈加迫切。基于此，本书从课程社会学视角出发重新审视教师课程决策，能够解蔽教师课程决策的社会学意蕴，为课程社会学研究的丰富和完善提供一定的理论基础和现实参考，最终对学校课程中知识的选择和教学实践提供真实的借鉴价值。

三 教师课程决策面临的实践化困境

教育场域的瞬息万变，导致教师课程决策面临着极为复杂的环境，这就要求教师根据环境、学生以及自身条件的改变随时做出相关的课程决策调整。随着核心素养落地的时代诉求和中国课程教学改革的逐步推进，学校逐渐拥有了较高的自主权，因而课程决策权力也越来越大。目前，新一轮的课程改革虽然已经取得了一定的成绩，但也面临着不少的难题，细化到教师课程决策层面同样也不例外。但教师在进行课程决策时仍然面临着一些两难问题。这也映射出，教师课程决策水平、质量的高低对提升教育教学质量和培育全面发展的时代新人至关重要。随着西方社会学理论研究的逐渐深化，很多学者开始将目光转向国内，即运用社会学理论对中国的课程改革进行分析。尽管现有的研究成果较为丰富，研究领域与视角也逐渐增多，但中国课程社会学的基础研究依然主要集中于对西方研究成果的整理、消化与借鉴上。也就是说，中国仍然缺乏基于本土的具有实践性、实证性的研究。例如，对教师课程决策的相关调查研究仍停留在宏观层面，而对教师课程决策究竟是如何制定和实施的微观层面的研究则较少。此外，有关课程决策的研究表现出一种保守的取向，教师与课程之间的内在关系没有充分的论证和考察，有关教师课程决策较为深入、系统的研究更是匮乏。

在微观层面，中国教师课程决策在实践场域仍然面临着多种难题和挑战。具体而言，首先，教师课程决策的权力获得与实施的最大阻力来自行政层面的压力，校长在学校课程改革中的盲目行为是导致教师缺乏课程决策权力的首要因素。其次，教师在课程决策的操作运行中依旧面临权力分配和机会不均等的突出问题，多数教师只能负责课程的教学与组织，而被隔绝于课程决策的大门之外。最后，从教师自身来说，由于长时间的权力压制，导致部分教师对于课程决策的认知不足，甚至主动放弃决策的权力。基于此，本书以课程社会学为理论支撑，对教师课程决策进行深入研究。一方面，本书力求突出研究的创新性，紧紧抓住当前中国课程改革过程中存在的现实问题并进行分析，使其既能促进课程社会学的基础性研究，也能为教育的现实变革提供实践支撑，实现教师课程决策研究的"本土化"转向。另一方面，本书秉持"事实分析"原则，基于实践调查进行有依据、深层次的系统研究。本书从课程社会学的视角出发，为探讨教师课程决策问题提供新的思路，体系化地分析教师课程决策中的真实情境，以明晰影响教师课程决策的各种现实因素，进而提出针对性策略。这是当前中国核心素养时代背景下，进行课程改革、提升教育教学质量过程中不容忽视的重要理论和现实议题。

第二节 研究内容

本书以社会学的相关理论为基础，对社会学视域下的教师课程决策进行系统研究与解读。本书采用质性研究范式下的个案研究，在对研究对象进行深度访谈、实地观察的基础上，进一步剖析核心素养背景下教师课程决策的异化现象，探寻社会学视域下教师课程决策的影响因素。同时，提出核心素养背景下教师课程决策的改进策略，保障课程决策更好地赋权于教师。

基于此，本书主要探讨以下几个方面的内容。

第一，教师课程决策的社会学概述。本书在已有研究的基础上，从社会学视域下教师课程决策的内涵、构成要素、来源与特征、运行过程等维度进行系统分析，为后续教师课程决策研究提供理论支撑。

第二，教师课程决策的社会学基础。在该部分，首先以集体行动理论为视角，剖析教师课程决策的内在机制以及"集体认同、利益诉求、制度规约"的实施逻辑。其次，采用社会网络视角解读教师所处的网络结构、位置以及位置间的相互作用是如何影响教师课程决策的。最后，运用公共生活视角审视和厘清处于学校公共生活中的教师课程决策实现的公共性基础及实施逻辑。

第三，核心素养背景下教师课程决策的异化。深入一线实践教学场域，运用个案研究法，对核心素养背景下教师课程决策的异化问题进行研究，探索核心素养背景下教师课程决策在运行过程中存在的问题。

第四，核心素养背景下教师课程决策的影响因素。该部分主要从个体层面（教师个体作为教师课程决策的基本单位）、关系层面（互动关系作为教师课程决策的结构系统）、组织层面（学校组织作为教师课程决策的微观环境）着手，深度剖析影响教师课程决策的相关因素。

第五，核心素养背景下教师课程决策的实现路径。在进行教师课程决策的概述、社会学基础的分析、现存问题的探讨以及影响因素剖析的基础上，具体从知识建构、集体行动、社会关系网络以及学校公共生活四个方面对核心素养背景下教师课程决策的实现提出了针对性策略。

第三节　研究价值

一　理论价值

首先，有利于深化和丰富中国课程理论研究。教师课程决策属于教育学大类下课程研究领域的一个分支，它对丰富中国课程理论、提高教师对课程决策的认识、促进教师对课程决策的原理进行回顾和反思具有重要的理论价值。在以往关于教师的研究中发现，学术界更加关注教师这一角色，即探讨如何提高教师自身的教学技能，以执行和完成教学计划及教学任务等。然而，如何在课程中促进教师的主体性和专业自主性却没有给予足够的重视。因此，本书对教师在课程实施中的决策问题进行了系统而深入的分析和研究。一方面，本书有助于丰富和深化中国的课程理论；另一方面，本书把教师作为课程决策的主体并参与其中，不仅有助于提高教师的专业能力和水平，还对促进和拓展教育理论研究具有重要意义。

其次，有助于促进课程理论研究范式的发展。不同时期对人才培养的需求不同，往往导致其教育及课程的价值取向也存在差异，从而形成了人们对课程的不同看法和认知。因此，学界从不同角度构建了具有一定差异化特征的课程范式。随着课程领域研究的不断发展，具有互动性以及细致微观的质性研究方法逐渐进入研究者的视野，这在一定程度上标志着课程研究范式的转换。如今，随着课程理论研究趋势和范式的变化，包括关注教师课程决策的研究领域，研究者需要对其重新思考并确定新的研究方向，以求寻找一种根植于实践的、细致的和朴实的研究境界。在这样的背景和发展趋势下，教师课程决策的研究不仅是一种理论性的建构，更需要凸显其对教师课程教学的实践价值。以微观视角开展研究势必对当前课程研究范式的发展产生积极影响。本书采用质性研究范式下的个案研究方法，对教师课程决策问题进行系统研究。这对课程理论研究范式的推广和质性研究方法在课程领域的应用都会产生深刻的影响。

最后，有利于挖掘教师课程决策的社会学意义。本书将教师课程决策置于核心素养的时代背景之下，一方面，有助于改变过去单纯聚焦于政策学研究范畴的问题，从而深入挖掘教师课程决策的社会学规律和意义，为教师课程决策的研究提供新的视角。另一方面，本书有利于改变课程社会学研究仅聚焦于课程内容属性分析的局面，将重点放在考察课程在学校环境中的运作过程上，使教师的课程决策被视为一种动态的社会学实践，由此扩展和更新课程社会学研究的范围、思维和方法。此外，本书从理论和实践的角度探讨教师课程决策的现象和问题，可以丰富和优化课程与教学的理论知识以填补教育实践空白。因此，基于本书的研究结果对教师课程决策进行深入剖析，不仅有助于深化教师课程决策的理论，而且能够为当前教师课程决策的实施提供重要的理论指导，这对促进学生核心素养的落地具有重大意义。

二 实践价值

首先，有助于推动核心素养背景下的学校课程变革。一方面，本书在挖掘教师课程决策社会学规律的基础上，重点研究核心素养背景下教师课程决策的异化问题，并探寻其改进策略。这将有助于提升核心素养背景下教师课程决策的科学性、合理性以及规范性，进而推动学校课程教学的深刻变革。另一方面，有助于促进教师课程决策的有效实现。通过为教师赋权增能、调节集体行动的组织结构和方式、完善课程决策信息供给和变革学校文化等途径来强化教师课程决策。一方面，为教师课程决策的应用提供有益的参考；另一方面，它还可以帮助教师发现自己在课程决策实施中存在的问题，为提升其课程决策能力和专业素养提供实践性指导。

其次，有助于提升教师专业技能。本书将教师课程决策聚焦在核心素养的背景之下进行研究，能够为教师课程决策提供现实指导。以往的教师教育研究中，更多地强调教师知识和教学技能方面的发展，对提高教师专业综合素质缺少足够的关注。教师的课程决策是一种心理和行为双重参与的过程，也是教师在教学实践中对课程做出的选择和决定。在开展课程决策的过程中，一方面，教师既要完成教学设计中的各项要求，同时也要满足学生的实际需求。因此，教师所涉及的这些决策行为，对其专业自主发展具有重大助益。另一方面，由于核心素养的实现是一个逐步推进的过程，教师也需要不断地实践。因此，教师在课程决策的实践过程中，通过不断地尝试和改进来积累一定的经验，能够提升自身的专业技能水平。

最后，有利于提高教师课程决策水平。教师是课程实施的主体，需要深入课程前、课程中以及课程后的全过程。因此，教师对课程目标、课程内容和课程实施乃至评价做出正确判断和选择，是课程改革的保障。同时，由于一些外部环境因素和自身内在因素的影响，教师往往对课程的各个环节缺乏准确的认识、判断等，对如何通过科学、合理的课程决策来使课程实施达到最大效果缺少思考。基于此，本书调查研究了实践场域中的教师课程决策，并进行深入、系统的分析，通过对教师课程决策的现状、范围、内容、过程和方法等进行描述和分析，进而剖析其影响因素，最终提出应对策略。这可以使社会、学校以及教师通过本书了解教师课程决策，提高实践工作者对课程决策的理解和认识。最终，为改善实践场域中教师课程决策提供有益的借鉴。

第四节　文献综述

一　课程社会学视角下课程决策的相关研究

20 世纪 70 年代西方教育社会学研究有了新的转向。以麦克·扬、凯蒂（Keddie）以及伊格莱斯顿（Eggleston T.）等为代表人物，他们把教育社会学研究重点由原来的"缺陷论"(即教育本身是"合理且正确"的,作为劳工阶层的子弟之所以学业成绩低下,是因为该阶层的人存在"缺陷",而非教育本身)转向对课程知识的探讨。他们关注的是知识的选择、组织、分配以及管理如何实现社会控制。他们对课程知识的属性进行分析,认为这些知识并非客观的、无价值取向的,而是具有社会建构性,隐匿着某些权势集团的价值观念。这一时期,课程决策的主体即权势集团(包括各界精英、政治团体、教育行政部门等)。这些具有控制权力的主体,将能够反映自身价值取向以及价值观念的"真理性""合法性"知识筛选出来并融入学校课程之中。权势集团实施课程决策的过程主要表现在以下几个方面:其一,界定了"什么应该被视为知识";其二,明确了不同阶层的学生应该学习什么样的知识;其三,不同知识以及不同阶层的学生之间存在什么关系。[1] 同时,负责传授知识的主体——教师,往往从权势集团的视角出发,按照特定的标准以及价值观念传递着统治阶层规定的知识。在这一过程中,教师作为权势集团的听从者,毫无课程决策的权力,被动听从的同时也进一步生产了一套不平等的、阶层固化的社会关系。

"课程与社会控制"的关系是课程社会学研究者重点关注与探讨的问题。英国著名教育社会学专家伊格莱斯顿从两个方面对该问题进行阐释:一是"社会对课程的控制",二是"通过课程而实现的社会控制"。[2] 前者主要表现为要编制出符合当下社会主流价值取向的课程,后者则体现的是这种符合社会主流价值取向的课程中所蕴含的知识及相关意识形态最终为学生所吸收内化。课程社会学视角下课程决策的关注点主要体现在以下两个方面:第一,谁能进行课程决策?第二,课程决策的价值取向是什么?前者关注的是课程知识控制过程中的基本权力关系,而后者体现的则是课程知识控制过程中的意识形态特征。[3]

(一)课程知识的选择

从国外学者的研究来看,麦克·扬(Michael Young)认为,从事课

---

[1] Young, M. F. D., *Knowledge and control*: *New Directions for the Sociology of Education*, British Journal of Educational Studies, Vol. 20, No. 2, 1972, p. 247.

[2] 吴永军:《课程社会学》,南京师范大学出版社1999年版,第17页。

[3] 吴康宁:《课程社会学研究》,江苏教育出版社2004年版,第6页。

程社会学研究首先要明确"课程中的知识并非一定优越于日常生活中的一般性的、常识性知识"。相关利益集团通过权力这一手段,将学校课堂中的知识赋予了"合法化的外衣"。因此,这种知识是被有意识地筛选后才进入课堂的,并不能说明这种知识相对于日常生活的经验性、常识性知识更具优越性。权势集团在课程决策过程中扮演了重要的角色,他们控制了课程知识的选择、编排,决定了"什么知识应该进入课堂",以及"课程知识传授的方式与对象"等。同麦克·扬一样,凯蒂也认为"教室知识"并非优越于日常知识,二者并非对立的,而是相对的。从二者的差异来看,无非是"教室知识"更加倾向于中产阶级所有,而日常知识更加倾向于底层阶级群众所有。[1] 伊格莱斯顿认为课程知识的选择过程是各权势集团进行博弈的过程,课程知识选择的结果便是各权势集团冲突的结果。在这一过程中蕴含了"权力"这一概念,换言之,课程最终的呈现与权力的运用和分配有着极大的联系。工业社会带来经济发展的同时,也使得人们的思想得以解放,出现了价值多元化的社会样态。随之带来的结果便是,越来越多的阶层以及相关利益主体想要参与到课程决策的过程中来。[2] 安扬认为学校课程中的知识具有"选择性"的特征,即有些知识被筛选并成功进入课程,而有些知识则被淘汰。而这其中被忽视、排斥的知识恰好也反映了社会结构。安扬关于隐性课程的研究发现,不同阶层学生在学校中所学习的课程知识以及学习方式存在较大差异。[3] 具体来看,处在不同阶层学校中教师的课程决策存在一定的差异性,即教师所传授给学生的知识以及能力是有所区分的。在以劳工阶层子弟为主的学校中,教师所传授的课程知识一般是为适应未来从事日常性、机械性工作而准备的。通常来看,这类知识被描述成远离生活经验的、概念性的事实,教师赋予学生较少自主活动的机会。在以中产阶级子弟为主的学校,课程知识主要为未来从事技术性工作而准备,注重学生对于知识的占有。而以精英阶层子弟为主的学校注重培养学生如何控制社会生产,掌握文化资本,关注学生实际问题的解决能力。

---

[1] 吴永军:《课程社会学》,南京师范大学出版社1999年版,第83页。
[2] 吴永军:《课程社会学》,南京师范大学出版社1999年版,第160—161页。
[3] 吴永军:《课程社会学研究》,江苏教育出版社2004年版,第444—445页。

从国内学者的研究来看,郝明君从"谁的知识""为什么选择""谁来选择""如何选择"四个方面对课程知识的选择进行了探讨。他认为课程知识看似是技术性问题,实际上透露着统治阶级的意识形态,代表了权力的控制。① 具体来看,其一,课程知识是社会主流阶层的知识。其二,选择符合本阶层意识形态的知识目的是维护本阶级的统治地位。其三,课程知识的选择主体包括国家层面(即代表国家或社会主流意识形态观念的课程专家、教育行政部门等)、地方层面(即地方上的专家、学者等)、学校层面(即所有的课程利益相关者,如教师、学生、家长等)。其四,把统治阶级的意识形态作为课程知识的选择标准。李洪修等认为课程知识是一种政治性知识,代表着主流阶级的价值观念、意识形态等,它产生于不同权力主体相互斗争的复杂的关系网络之中。② 叶波认为课程知识的选择过程也是一种知识对另一种知识的替代过程,这一过程建立在社会的进步与发展的基础上,因此,知识的选择不仅是诸多利益群体间的斗争与妥协的结果,还是具体社会情境下知识型断裂与特定社会历史事件共同作用的结果。③ 而学者吴永军认为课程知识并不是完全受意识形态所决定,政治、经济、文化、科技等都是不可忽视的因素。尤其像生产力以及科技不以意志为转移而直接生产新的知识,很少受到意识形态的影响与左右。④

(二)课程决策的主体

从国外学者的研究来看,西方学者伊格莱斯顿提到,随着"反省的意识形态"不断加深,教师和教师组织、学校委员会、课程发展组织、教育出版商以及家长、学生等势力广泛参与课程决策,其影响力也与日俱增。⑤ 课程决策权力主体范围不断扩大,这在一定程度上也反映了社会权利的不断分散,即从教育集权走向教育分权,从显性的强控走向隐性的弱

---

① 郝明君:《课程中的知识与权力》,重庆大学出版社 2009 年版,第 100—101 页。
② 吴思颖、李洪修:《教师课程创生的知识社会学分析》,《教育理论与实践》2021 年第 10 期。
③ 叶波:《课程知识选择:从"谁的"到"何以可能"》,《湖南师范大学教育科学学报》2018 年第 2 期。
④ 吴永军:《当代西方课程的社会学研究述评》,《南京师大学报》(社会科学版)1995 年第 1 期。
⑤ Eggleston, J., *The sociology of the curriculum*, 1977, p. 49.

控。实际上，无论是何种控制强度或控制主体，均把课程当作社会控制的工具，通过不断妥协、调整来实现社会的平稳运行。自20世纪80年代以来，批判课程论者开始关注学校教育以及课程的自主性、教师以及学生的主观能动性，将研究的重点转向了"抵制理论"。因此，教师这一课程决策主体开始得到广泛关注。吉鲁认为，第一，学校中的教师以及学生并不是被动地接受统治，他们具有主观能动性；第二，权力带来统治的同时也使得被统治者产生一种抵抗心理或行为；第三，抵制理论也蕴含着一种"期待变革"的诉求。① 从教师这一角色来看，学校中的教师一方面作为国家意识形态的"传声筒"，负责传播统治阶级的文化与知识；② 另一方面教师实则也具有被压迫者的属性，即被迫听从统治阶级的指挥，同样毫无权力可言。因此，教师与学生同属于被规训的人群，同样存在抵制的心理。西方学者古德莱德（John Goodiad）则根据不同决策主体的决策水平进行了如下划分：其一，个人经验层次的决策，即学习者个人对课程内容的学习进行自主决定与判断；其二，教学层次的决策，即教师根据学生学习情况以及个人经验自主组织与安排课程内容等；其三，机构层次的决策，即学校或地方教育行政部门对于课程内容的选择以及实施的决定；其四，社会层次的决策，即国家相关机构对课程总体指导思想、内容选择的决策。③

从国内学者的研究来看，中国学者吴康宁认为中国课程决策主体构成经历了以下三个阶段。第一阶段是20世纪90年代初。在这一阶段，中国的课程决策主体只有"中央"，选择什么知识进入课程、如何组织这些知识、每学科课时比例如何安排等问题均由"中央"这一决策主体来决定。第二阶段是20世纪90年代初至今。在这一阶段中，由原来的"中央"决策单一主体扩展成"中央"与"地方"两个决策主体。即地方教育行政机关可根据实际情况决定其课程设置、课程分配以及课程内容的选择等。第三阶段课程决策主体变为"中央""地方"以及"学校"。④ 从中

---

① 张华：《美国当代批判课程理论初探（下）》，《外国教育资料》1998年第3期。
② 哈里斯：《教师与阶级：马克思主义分析》，唐宗清译，台北：桂冠图书股份有限公司1989年版，第145页。
③ 郝德永：《课程研制方法论》，教育科学出版社2000年版，第229页。
④ 吴康宁：《课程社会学研究》，江苏教育出版社2004年版，第6—7页。

国新课程改革发展趋势来看，课程决策主体范围逐渐扩大，代表着课程权力也逐层下放。学者吴永军认为当权力分配呈"放射状"时，参与课程决策的主体便会多元化，那么来自不同社会群体的文化利益和主体性需求便会或多或少地在课程决策过程中有所体现。他认为对课程决策的主体主要包括五类：中央政府及其领导下的教育委员会或其委托下的决策机构，地方政府及其领导下的教育委员会，各专业团体（如大学、研究院、课程研究所等），学校行政部门和老师，地方社区和各种官方、非官方的团体等。① 因此，有学者将课程决策的主体类型划分为"行政型"和"草根型"两种："行政型"课程决策的主体为国家权力机构，通过自上而下的模式进行相关课程决策，大多体现在集权制国家；"草根型"即课程决策主体在地方教育机关或教师团体手中，表现为自下而上的一种决策模式，大多体现在分权制的国家。②

（三）课程实施的过程

从国外学者的研究来看，麦克·扬认为课程实施的方式包括两种：一是"课程即事实"，代表着课程知识作为一种静态的内容，通过某种方式传递给学生；二是"课程即实践"，代表着课程知识是动态变化的，是通过师生互动而不断被建构的一种社会事实，在这种课程实施方式下，学生能够主动地理解并内化知识。麦克·扬赞同"课程即实践"这一观点，对于教师与学生之间的互动开展了进一步研究。他发现，教师往往按照中产阶级所认为的"能力""智力"的标准来评定学生在学业方面的成败。因此，教师的课程评价标准与方式，在一定程度上打击了来自下层阶级子弟的学习积极性，影响了教育公平。凯蒂认为，从教师的视角来看，由于自身深受统治阶级意识形态的影响，他们往往通过学生是否掌握某一课程内容或知识而对"学生能力"进行判定。③ 教师这种简单地将某种知识的掌握作为评判标准是不正确的。他对此这样解释：中产阶级学生之所以能够较快地接受并掌握教师讲授的知识，是因为他们在学习过程中采用了与

---

① 吴永军：《课程结构的社会学分析》，《南京师大学报》（社会科学版）2001年第1期。
② 李庆明：《走向分权的课程决策》，《江苏教育学院学报》（社会科学版）2002年第3期。
③ Keddie, M., "Classroom Knowledge", *Classrooms and Staffrooms*, Routledge, 2019, pp. 108 – 122.

教师思维框架所契合的学习方式,而教师这种思维框架恰好也是同自己所处的中产阶级所惯用的思维方式等同的。而出身底层阶级的劳工子弟,由于其生活环境、家庭氛围以及思维方式的不同,很难在短时间内快速地接受并掌握课程知识。由此,教师认为这些学生在"能力"上有所欠缺,便给出较低的评价。凯蒂认为,这种带有偏见性的、未经验证的课程评价方式与标准,在一定程度上导致了处于底层阶级学生的学业失败。只有当教师对学生的思维方式以及课程知识的分类标准有所改观,才能使劳工阶层子弟的学业成绩有所提升。伯恩斯坦(Bernstein)提出教学法实践,即教师在传授知识的过程中遵循着"等级制规则、顺序性和速度性规则、标准性规则"。等级制规则关注的是教师与学生之间存在的一种传授与接受的关系;顺序性和速度性规则关注的是课程知识学习的前后顺序以及授课速度;标准性规则指的是帮助学生厘清知识的合法性与非合法性。[①] 从分类与架构的理论分析来看,在强分类、强架构下,各种课程知识的边界明显,致使教师时刻遵守着知识边界,教师课程决策的权力相对弱化;而弱分类、弱架构下,各种课程知识边界模糊,教师以及学生自主开发与学习的机会增多,教师课程决策的权力相对强化。

从国内学者的研究来看,中国学者吴康宁认为课程实施过程如同生产线的流水过程,让教师通过课程专家设计好的课程内容采用某种固定的教学方法传授给学生,以达到精准控制的目的。[②] 吴永军认为课程实施过程蕴含着社会控制、价值冲突、权力分配等社会特性。教师作为课程授受的主体,在课程实施的过程中由于个人意志的掺杂,他们或多或少地会对课程知识进行加工或处理,并非原封不动地对知识进行传递。同时教师所执行的课程实施计划受到其社会文化体系、价值观、政治经济状况的影响,对于不同学科课时长短的安排等都蕴含了一定的意识形态。[③] 葛春、费秀芳认为教师在课程实施过程中存在"反抗"行为,其主要表现为"阳奉阴违"与"走过场",他们仅在口头上表示同意与接受变

[①] Sadovnik, A. R., "Basil Bernstein's Theory of Pedagogic Practice: A structuralist Approach", *Sociology of Education*, Vol. 64, No. 1, 1991, pp. 48–61.

[②] 吴康宁:《课程社会学研究》,江苏教育出版社2004年版,第287页。

[③] 吴永军:《课程社会学》,南京师范大学出版社1999年版,第256、266页。

革,而在行为上则拒绝接受。① 高原等人从社会学视角分析阻碍课堂互动的因素主要体现在向度、深度和广度三个方面:向度上,互动双方情感淡漠与地位失衡;深度上,互动限于形式而缺乏真实意义;广度上,互动参与者范围过于窄化。② 代建军从教师的视角出发,认为教师在课程实施过程中仅仅是课程改革背景下的附庸,简单移植或复制课程改革的理念与思想。③ 潘洪建从个体知识经验出发,认为传统课程实施过程过于关注公共性知识,而忽视了学生以及教师自身的个体性知识与经验,只有从学习主体出发才能更好地适应学习过程,增强学生对知识的理解与内化。④

二 教师课程决策的相关研究

(一)教师课程决策概念的研究

概念的界定和廓清是研究的起点。聚焦教师课程决策概念的相关研究,会因研究视角的差异而存在一定的不同。学界普遍认为,教师课程决策作为课程决策的子概念,指的是教师在课程开发和实施过程中通过塑造课程的要素和条件(课程目标、内容、实施、工具、评价等),进行决策和选择的过程。换言之,任何一种课程理念以及按这种理念编制而成的课程,最终都会落实到具体的课程实施上,而在这个实施过程中,必然需要教师做出不同程度和不同方面的决策。

从国外学者的研究来看,课程决策可以被看作基于课程与社会发展以及课程与人的发展关系,对有关教育目的或手段所进行的判断,以及所采取的策略,并且这种策略往往是以教学大纲或课程标准为中心且在学校范围内被采用。基于此,罗伯特·卡森(Robert B. Carson)从课程与社会、课程与人的关系出发,认为教师课程决策是为实现一定的课程目标,教师依据自身的专业知识与实践经验,采用科学的理论与方法,参与教材编写

---

① 葛春、费秀芳:《新课程实施中农村教师的"日常反抗"——基于社会学的研究视角》,《教育发展研究》2009年第4期。
② 高原、吴支奎:《课堂互动的社会学分析及优化策略》,《教育理论与实践》2012年第35期。
③ 代建军:《课程运作系统中的动力机制》,《课程·教材·教法》2009年第10期。
④ 潘洪建:《论课程实施中个人知识的生成》,《课程·教材·教法》2010年第7期。

工作，以实践自身的学识，并且保护自身职业地位和利益的过程。[1] 此外，一些学者借鉴后现代主义哲学的"意识"和"微观权利"等概念，讨论了如何调整教师课程决策与正式课程决策之间的关系问题，以及如何调整教师课程决策与学生课程决策之间的关系问题。[2] 从教师专业成长的角度而言，戴尔·布鲁贝克（Dale L. Brubaker）等人认为，教师课程决策是一个有意识的实践、反思的过程。[3] 迈克尔·阿普尔（Michael W. Apple）提出，教师课程决策是一个选择和传递课程知识以及传播、分配文化资本的过程。在这个过程中，占主导地位的阶级意识会通过学生的内化而得以再生产。[4] 总之，教师通过这种内部认知进行选择与判断，其重点是教学大纲或课程标准，而不是人员、预算等方面。由此可见，这种判断是有意识思考的结果，反映了一个具体的行动方案或意图，以实现一个理想的结果。[5]

从国内学者的研究来看，从课程社会学的角度出发对课程决策的概念进行了相关界定。在中国，目前学界多是从课程实施中的教师主体性作用出发进行相关研究。例如，有学者将教师课程决策看作教师评估和选择课程目标和资源，从而决定课程实施方案的过程。[6] 杨明全认为教师的课程决策是教师将自己的意志注入课程大纲、内容、方法等载体的过程。[7] 张廷凯认为，教师的课程决策是一个过程，在这个过程中，教师依靠一定的权力和能力，对课程的要素和条件做出相应的判断和选择。[8] 陈蓉晖等解释了教师课程决策对教师专业自主的意义，认为"教师课程决策"是一种综合性的课程活动。这种课程活动存在于教师不断探索和推进自身专业

---

[1] Carson Robert B. and John W. Friesen, eds., *Teacher Participation: A Second Look*, Washington D. C.: University Press of America, 1978, p. 2.

[2] 何巧艳、黄甫全：《教师课程决策本性的文化分析》，《西北师范大学学报》（社会科学版）2009年第5期。

[3] Brubaker Dale L. and Lawrence H. Simon, eds., *Teacher as Decision Maker: Real-Life Cases to Hone Your People Skills*, Thousand Oaks, CA: Corwin Press, 1993, p. 57.

[4] ［美］迈克尔·阿普尔：《意识形态与课程》，黄忠敬译，华东师范大学出版社2001年版，第7页。

[5] 江山野：《简明国际教育百科全书·课程》，教育科学出版社1991年版，第144页。

[6] 丁念金：《论教师的课程决策权力》，《课程·教材·教法》2010年第7期。

[7] 杨明全：《论教师参与课程变革》，博士学位论文，华东师范大学，2003年。

[8] 张廷凯：《课程决策与教师专业能力发展》，《课程·教材·教法》2009年第2期。

自主的过程中，并扎根于教师的课程实践，它主要是通过教师自己对课程问题及课程要素的自主判断与选择来实现的。① 也就是说，当研究视角聚焦于教师在课程实施过程中的决策行为时，教师课程决策就会被视为教师在课程的不同环节针对学习情境中的具体问题所做出的选择和评价，因此，它是直接决定课程实施是否具有有效性的重要因素。总之，经过文献的梳理可以发现，尽管教师课程决策因研究者的侧重点不同而存在差异，但学界对课程决策的认识仍存在着一些共识。普遍将教师课程决策视为教师个体认知的选择判断过程，体现了教师自身的反思与实践过程。

（二）教师课程决策范围的研究

学界对教师课程决策的范围主要存在着两种观点：一方面，教师被视为实施教学的关键人物，因此他们的课程决策应发生在课堂层面；另一方面，教师应在教室以外更大的范围中享有自主决策的权力。

从国外学者的研究来看，在关于学校组织的相关研究中，学校的运行被分为"学校范围"和"教室范围"两个主要区域。其中，学校范围内主要包括学校管理、发展计划和资源分配等环节；而教室范围主要包括教育和教学活动。② 在传统的模式中，教师课程决策会由于职位等因素的不同而存在差异。通常而言，教师会被看作教学运作的决策者，即教师通常会在教学运作的过程中进行各种决策。③ 因此，从教师角度而言，如果教师被看作课程实施的主体，那么课程决策就应该被限制在课堂层面。基于此，沙维尔森（Shavelson）认为，教师课程决策主要是指教师在课堂上做出的决策，包括学生要达到的学习目标、教师可选用的教学方法等。④ 此外，有学者认为，教师应在更广泛的范围中享有自主实施决策的权力，而不仅仅限定于课堂教学之上。如泰勒（Taylor）等认为，教师也应参与

---

① 陈蓉晖、刘霞：《课程决策：教师专业自主的有效路径》，《东北师范大学学报》（哲学社会科学版）2013 年第 5 期。

② Ingersoll, Richard M., "Teachers' decision-making power and school conflict", Sociology of Education, Vol. 96, No. 2, 1996, pp. 159 – 176.

③ Conley Sharon C. and Bruce Cooper, eds., The School as a Work Environment: Implications for Reform, Boston: Allyn & Bacon, 1991, pp. 237 – 238.

④ 陈蓉晖：《幼儿园教师课程决策的个案研究》，博士学位论文，东北师范大学，2009 年。

学校层面关于修订科目、课程规划、政策制定、员工管理及发展计划等方面的决策。①

从国内学者的研究来看，教师课程决策还包括对学生现状的考察与评估、学生通过学习或行为改变要达到的目标、可用的学习策略以及教师对实现目标的影响。② 中国学者何巧艳、黄甫全认为，教师的课程决策涉及课堂和更广泛的层面。具体而言，首先是教师个人决策层面，包括课程设计、实施和评估等；其次是教学的组织和管理层面，包括建立支持框架，如小组讨论等，以确保课程讨论中参与者的平等；再次是课程决策层面，即正确理解教师在课程目标、内容、实施、评价等过程中进行决策时的责任、能力和地位；最后是课程决策的社会框架层面，包括确定与教学行动目标有关的活动。也就是说，课程实施过程中的决策行为要与正式的课程决策目标保持一致，但也要根据学校和学习者的个体差异来调整课程和教学结构。③ 此外，也有学者认为，教师应共同负责课程决策，包括制定课程目标、选择课程材料和教学策略等。④ 基于上述的梳理可以发现，这种观点提倡教师应在更广的范围内参与各种决策。该观点也间接地与"教师总是教学运作的决策者"形成了对峙，反对仅仅将教师课程决策的范围限制于课程教学。

（三）教师课程决策类型的研究

从课程实施的视角出发，斯塔克（Starko）和杰克逊（Jackson）将教师课程决策分为教学前、教学中、教学后的决策。⑤ 相应地，可以进一步将教师课程决策分为具体的三类：课程开发决策、课程实施决策和课堂管理决策。与之相反，有学者根据教师课程决策过程中意识的不同对其进行

---

① Taylor Dand L. and Abbas Tashakkori, "Toward an understanding of teachers' desire for participation in decision-making", *Journal of School Leadership*, Vol. 7, No. 6, 1997, pp. 609–628.
② 陈蓉晖：《幼儿园教师课程决策的个案研究》，博士学位论文，东北师范大学，2009年。
③ 何巧艳、黄甫全：《教师课程决策本性的文化分析》，《西北师范大学学报》（社会科学版）2009年第5期。
④ 罗晓杰：《三级课程管理体制下教师课程决策权问题探析》，《教师教育研究》2006年第6期。
⑤ 冯洁皓、林智中：《香港幼稚园老师的课程决策：专业自主与市场导向》，见朱嘉颖等主编《课程决定》（第十届两岸三地课程理论研讨会论文集），香港中文大学出版社2008年版，第255页。

了大致划分,普遍认为任何教学行为都是决策的一种结果,无论是有意识的还是无意识的。这意味着,有意识和无意识的行为都是决策的结果。但是在实际教学中所做出的课程决策较为复杂,一般是教师深思熟虑后做出的决策。基于此,考尔德西德(Calderhead)按照决策过程中教师意识参与程度的不同,将教师课程决策具体划分为"慎思型""即时型""常规型"三大类。具体而言:慎思型决策,是对课程方案的可行性和可能结果进行仔细和持续的判断与考虑的决策;即做型决策,是在不可预见的情况下根据突发的现况立即作出的决策;常规型决策,是一种经常性和重复化的决策,必须要根据实际经验而做出的判断与选择。[1]

从课程决策水平的视角出发,拉尔夫·泰勒(Ralph W. Taylor)将教师课程决策划分为以下三类。首先,个人水平的决策参与(Participation at individual level)。这是与教师个人有关的教学实践的一些选择与判断行为,如教学材料、教案、学生评估等。其次,群体水平的决策参与(Participation at group level)。这是参与学科组的课程审查、合作、学习共同体等活动。最后,学校水平的决策参与(Participation at school level),即参与学校课程规划、目标、管理等方面的讨论和制定。[2] 也有研究者指出,教师课程决策必定会涉及课程目标、内容、方法、材料和评价等方面内容,因此教师在课程决策时需要对应上述几方面的选择与判定。[3] 此外,有学者认为教师还可以自由决定主题、选择教科书和其他教学材料,并组织不同的学习活动。[4] 何巧艳、黄甫全认为,教师的课程决策是指在学校具体情景下做出的决定,这会影响到教学实践的方向和目标,以及实现这些目标的方法、途径和策略等。[5]

---

[1] 冯洁皓、林智中:《香港幼稚园老师的课程决策:专业自主与市场导向》,见朱嘉颖等主编《课程决定》(第十届两岸三地课程理论研讨会论文集),香港:香港中文大学出版社2008年版,第255页。

[2] Taylor D. and Tashakkori A. , "Toward an understanding of teachers desire for participation in decision-making", *Journal of School Leadership*, Vol. 7, No. 11, 1997, pp. 609 – 628.

[3] 江山野:《简明国际教育百科全书·课程》,教育科学出版社1991年版,第143页。

[4] 栾文彦:《民办幼儿园教师参与课程决策的个案研究》,博士学位论文,西南大学,2010年。

[5] 何巧艳、黄甫全:《教师课程决策本性的文化分析》,《西北师范大学学报》(社会科学版)2009年第5期。

(四) 教师课程决策权力的研究

教师不仅仅是课程的实施者和正式课程的继承者，也是课程决策的主体，即他们有权开发、修改和更新课程，也有权对教学方法、学习评估、教学工具等做出某些决定。因此，赋予教师课程决策的权力，有利于提升教师科学决策水平，增强课程管理的主动性。

在教师课程权力的内涵和特征层面，有学者关注的是教师培训任务的法律和政治规定，即考虑其合法性的来源。因此，教师的课程决策权力被看作在现有的教育法规和国家课程政策允许的情况下，教师在课程研究、设计和实施过程中拥有的决定性的、动态化的权力。① 也有学者将教师课程权力看作一种能够产生某种特定结果的权威性力量。教师依靠这种力量与自身内发性能力实现交互，这既可以作用于一定的课程实践，又能够在课程方面产生某种特定的结果。② 关于教师课程权力的特征，中国学者赵虹元指出，教师课程权力表现出制度规定性、目的指向性、复杂相关性和价值多元性的特征，③ 即从权力的强制特征和价值指向特征等方面阐释教师课程权力的特性。樊亚峤指出，教师课程权力具有合法性、有效性和媒介性。这主要依赖于社会对课程权力的认同与理解程度。④ 张文桂认为，教师课程权力有着与权力殊途同归的特征，包括从众性和不平衡性，表现为教师思想和行为意向上的从众和权力行使的不平衡。⑤

在教师课程权力的困境和落实层面，刘阳从教学实践出发，认为课程权力的缺位、异化等问题需要从政策规定、学校管理制度、评价体系的运用等方面对其进行解决。⑥ 吴华通过对教师课程权力失落的分析，指出教师的课程自主权及其使用权范围的限定化是当前教师课程权力陷入困境的原因。⑦ 林德全等人提出，在当前新课改背景下，教师课程权力的行使存

---

① 吴艳玲：《教师课程权力研究》，硕士学位论文，华东师范大学，2006 年。
② 胡东芳：《谁来决定我们的课程？——主要国家课程权力分配比较研究》，《外国教育研究》2005 年第 3 期。
③ 赵虹元：《基础教育教师课程权力研究》，硕士学位论文，西南大学，2008 年。
④ 樊亚峤：《三级课程管理体制下国家与地方课程权力的博弈》，《现代教育管理》2009 年第 11 期。
⑤ 张文桂：《课程改革中教师课程权力的虚置与改进》，《教育探索》2011 年第 6 期。
⑥ 刘阳：《中小学教师课程权力问题探究》，《科教文汇（下旬刊）》2007 年第 9 期。
⑦ 吴华：《课程权力：从冲突走向制衡》，博士学位论文，东北师范大学，2008 年。

在着权力虚无、权力架空、权力滥用等困境。这就会造成教师课程权力的虚置，导致出现教师课程权力运作效率低下及其结果异化等问题。[1] 由此可见，教师面对的根本困境是他们一直被看作课程改革和决策的被动消费者。学校在一定程度上体现出的霸权倾向甚至已经在具体的教学实践中波及了教师的课堂，导致教师只能是学校改革产品和政策被动的消费者，使其被置于组织结构金字塔的最底层。问题的出现必然会涉及策略的提出。有学者认为，在加强教师课程决策的过程中，"参与"可以被看作教师赋权的表现之一，即教育机构应该赋予教师一定的权威，使他们能够自主地控制自身的工作。[2] 对教师课程决策赋权一定程度上代表了对教师课程权力的认可，也使得教师从课程决策的执行者转变为课程决策过程的参与者。那么，不仅需要对教师的课程决策进行赋权，还需要鼓励教师参与撰写、修订课程标准，审定和修改教材，并制定系统的课程评估等。因此，我们要敢于打破教师课程决策权的"集中化"倾向，解决教师不能拥有课程决策权这一根本问题。[3]

从教师课程话语权的研究来看，课堂教学话语是教育学和社会学领域的研究话题之一。就其本质而言，学界普遍将教师话语权界定为一种影响力。教师教学话语是指发生在课堂中的话语。它是课堂上话语主体的言语行为及其结果，但这种行为具有明确的目的，且最终指向课堂学习任务和学习目标的实现。[4] 由于教师的话语发生在特定位置——教育教学场域，所以陈小玲认为教师话语权可以划分为三种类型：其一，教师对国家制定的教育政策、教育制度阐释的话语权；其二，教师在课程认可、参与和评价方面的话语权；其三，教师基于个人的知识和经验的话语权。[5] 邢思珍等人将教师话语权划分为制度性话语权、感召性话语权以及个体性话语权。[6]

---

[1] 林德全、冯东俊：《教师课程权力虚置的成因与对策》，《天中学刊》2007年第4期。

[2] 林佩璇：《课程行动研究：从专业成长剖析教师角色转化的困境》，《课程与教学季刊》2003年第3期。

[3] 罗晓杰：《三级课程管理体制下教师课程决策权问题探析》，《教师教育研究》2006年第6期。

[4] 刘桂影、李森：《论课堂教学话语的实质、价值与优化》，《教育研究与实验》2012年第6期。

[5] 陈小玲：《师生话语权丧失及其原因分析》，博士学位论文，华南师范大学，2007年。

[6] 邢思珍、李森：《课堂教学话语权力的反思与重建》，《教育科学研究》2004年第12期。

(五) 教师课程决策影响因素的研究

教师课程决策是一个涉及选择和评价的过程，因此其产生的结果会受到许多因素的影响，包括内部和外部因素。具体来说，内部因素包括交互式的经验和知识、教师的信念和价值观；外部因素包括社会、学校、学生和教材对课程决策的影响。

从教师课程决策的内在影响因素来看，苏·约翰斯顿（Sue Johnston）认为，教师的专业知识和技能，对教学的信念，自身的经验、价值观、自主意识和发展愿望，以及教师对学生的前设经验和能力状况的了解，都会影响自身的课程决策行为。换言之，教师课程决策不可避免地受到教师自身的意图、态度、信仰和价值观的影响，特别是在教师个人实施决策的过程中，教师的生活史、专业知识、职业感受、实践经验、敏感性和行动意愿等对决策的结果必定产生间接的影响。① 就其本质而言，教师课程决策的行为及其过程是高度个性化的。这就表明，教师实施课程决策的过程必然会受到自身内在性因素的影响。李·舒尔曼（Lee S. Shulman）指出，教师对学生的看法、对课程的了解以及对课程工具的使用都会影响课程决策的有效性。② 希尔达·博尔科（Hilda Borko）与理查德·沙维尔森（Richard J. Shavelson）则更加重视教师对学生的认识和了解，认为学生的先前经验和能力状况是影响教师决策和课程方向的重要因素，因此教师需要充分了解学生。③ 也有研究指出，教师的知识、价值观和信念是影响其对课程决策看法及行为的关键因素。④ 格兰·艾肯黑德（Glen S. Aikenhead）指出，教师的课程决策是基于他们的信念所实施的，这影响着教师关于教学实践的原则和方法。⑤ 魏薇等人也指出，教师的批判性和反思性意识以及行动可以激发其课程决策的创造性，这在课程决策过程中至

---

① Johnston Sue, "Understanding curriculum decision-making through teacher images", *Journal of Curriculum Studies*, Vol. 22, No. 5, 1990, pp. 463–471.

② Shulman Lee, "knowledge and teaching: Foundations of the new reform", *Harvard Educational Review*, Vol. 57, No. 1, 1987, pp. 1–23.

③ Borko Hilda and Richard J. Shavelson, "*Teacher decision making*", *Dimensions of thinking and cognitive instruction*, 1990, pp. 311, 346.

④ 丁念金：《论教师的课程决策意识》，《课程·教材·教法》2006年第3期。

⑤ Aikenhead Glen S., "Teacher decision making: The case of prairie high", *Journal of Research in Science Teaching*, Vol. 21, No. 2, 1984, pp. 167–186.

关重要。① 陈德斌等人认为，教师课程决策的科学性与适切性需要以教师的专业知识与能力为基础。② 还有一些研究指出，教师的教学质量和不同方面的能力对其课程决策具有直接影响。一般来说，教师的专业水平影响着教师的课程决策的合理性。换言之，决策者自身素质的不足在一定程度上降低了课程决策质量。因此，为保证课程决策的合理性与科学性，需要提升教师课程决策水平与素质。

从教师课程决策的外在影响因素来看，国外学者盖伊（Gay）从宏观视角出发，指出学校以外的测验局及委员会、专业的学会、民意调查、议会游说者、学生、家长、劳工组织、政府的管理者、特殊利益团体、教材出版商、传播媒体、个别评论家、习俗与传统、慈善基金会及政治意见等各因素均会对教师的课程决策产生影响。③ 而聚焦到学校层面，埃利奥特（Elliot）等人认为，教师对课程决策的参与程度也会受到一些因素的影响，如学校的课程组织类型、组织结构和社会活动。④ 也有研究从微观的层面出发，认为教材、教学资源等因素也会影响教师课程决策。如盖尔·麦克卡森（Gail McCutcheon）经研究发现，教学材料对教师教学计划的实施具有重要影响。现有材料的问题越多，教科书中的错误越多，教师制订和实施教学计划的质量也就越差。⑤ 由此可见，诸多因素影响着课程决策策略的选择以及课程决策的质量和效果。当然，也有学者从课程决策的保障体系出发展开相关研究，提出教师的课程决策会受到他们被赋予的外部任务和他们所掌握的课程工具的影响。⑥ 具体来看，包括教师队伍在整个社会结构中的地位、课程开发的程度和水平、课程决策的社会化程度与专业地位。总之，课程决策被认为是一种专业活动，这影响到能否将课程决

---

① 魏薇、陈旭远、高亚杰：《教师参与课程决策：来自批判教育理论的检视》，《现代教育管理》2011 年第 2 期。

② 陈德斌、刘径言：《学校层面上的教师课程决定研究》，《苏州大学学报》（哲学社会科学版）2010 年第 6 期。

③ Gay G., *Curriculum Development*, New York: Pergamon Press, 1991, pp. 33 - 50.

④ 高慕莲、李子建：《中一级中文科新课程决定的个案研究》，见朱嘉颖等主编《课程决定》（第十届两岸三地课程理论研讨会论文集），香港：香港中文大学出版社 2008 年版。

⑤ McCutcheon Gail, "Elementary school teachers planning for social studies and other subjects", *Theory and Research in Social Education*, Vol. 9, No. 1, 1981, pp. 45 - 66.

⑥ 丁念金：《试析中国教师课程决策职责的历史变迁》，《教师教育论坛》2017 年第 7 期。

策的责任交给专业人员,以及能否承担更大的课程决策责任。最终,这都在一定程度上影响了教师课程决策。何巧艳等人在相关研究中提出了"文化障碍",如观念上的文化障碍、制度上的文化障碍、行为上的文化障碍以及智力和技术上的文化障碍,都会影响教师的课程决策。①

三 研究述评

通过梳理国内外相关文献发现,学界在教师课程决策问题上已经进行了诸多探索和研究,在取得一定研究成果的同时,仍然存在有待深化的问题。

(一)研究成果

首先,针对教师课程决策的理论探讨比较充分,已经形成较为广泛的研究共识。从已有研究来看,学界主要围绕教师课程决策的概念、类型、范围及影响因素等方面进行了充分的分析与探讨,且形成了较为一致的认识。例如,国内外学者普遍认为教师课程决策是在充分发挥教师主导性作用的基础上,对课程进行判断与选择的过程。在这个过程中,可以按照决策水平、决策内容以及教师意识参与程度的不同对其进行分类。同时,教师课程决策会受到内外部等多种因素的影响。课程决策对权力对象的影响在本质上与教师课程决策的运作是一致的,主要体现在作用的方向、机制、对象以及方式等方面。总之,学界对教师课程决策的普遍共识为探讨教师课程决策提供了良好的理论基础。

其次,现有研究充分关注到了课程的社会学研究。课程的社会学研究本身具有一定的综合性和复杂性,这已然引起相关研究者的关注与实践。同时,研究者开始对课程社会学的发展和完善形成富有成效的、体系化的改进策略,这将为今后课程社会学研究的开展和实施提供坚实的理论支撑和可借鉴的实践经验。

最后,已有研究聚焦教师的社会学研究,分析教师课程决策的原因并寻求突破。国内外学者均从教师身份认同的内涵及影响因素等方面进行了系统深入的研究,并认为教师身份认同是个体自我认同与社会认同的统

---

① 何巧艳、黄甫全:《教师课程决策本性的文化分析》,《西北师范大学学报》(社会科学版)2009年第5期。

一，同时这深受政策、学校组织文化以及个人经验等的影响。目前，学界已在分析影响因素的基础上，关注到课程决策在实践层面的运行现状，并根据现存问题探讨其优化路径，以求将课程决策有效落实在教育教学实践中。可见，针对教师社会学的理论与实践研究已逐渐进入研究者视野且越发受到重视。

（二）研究不足

首先，理论层面的分析和探讨过多，而实践层面的深入研究较少。当前，关于教师课程决策的研究逐渐增多，已经涵盖了概念、类型和实质等层面。然而，大部分研究都是对事实性问题和价值性问题的探讨，即更多的还是属于"应然"层面的号召。相比之下，对核心素养背景下教师课程决策缺少"实然"层面的观照，对教师课程决策的来源、层级、特征的阐释以及核心素养背景下教师课程决策的异化、成因及化解策略的研究相对缺乏，也缺少从社会学视域对教师课程决策进行探讨的基础研究。整体来看，"实然"层面的相关研究还存在很大的研究空间。可见，结合核心素养的时代背景，研究教师如何实施课程决策以及课程决策的现状是非常重要的。

其次，当前已有的研究方法主要属于思辨类，而将理论具体应用于实践的研究较少。总之，围绕教师课程决策的已有研究在很大程度上还是理论性的。尽管有针对教师课程决策的实施而展开的调查研究，但其中大部分仍属于现状类和优化完善类，对现象背后的本质深入剖析不足。显然，有关教师课程决策的研究要么是独立的质性研究，要么是单独的调查类研究，而作为理论与实践结合的研究比较少。因此，针对教师课程决策的研究方法目前还具有一定的局限性。

最后，教师课程决策研究视角还不够开阔。教师课程决策在本质上是一种富有社会学意蕴的教育学行为，但从已有研究来看，多数研究仅局限于教育学领域，即以教育学思维探讨教师课程决策的相关意义，而鲜有从社会学视角来解读的。此外，鲜有结合核心素养培育的时代背景开展的教师课程决策研究，反而更多的是诸如教师课程决策的内涵、类型、范围等理论层面的研究，对课程具体运作过程中教师课程决策行为的探讨则相对缺乏。总之，当前教师课程决策的研究视角存在一定的局限性，这也映射出本书研究的必要性和重要性。

第五节 研究设计与方法

一 研究思路

本书在现有教师课程决策研究的基础上,结合核心素养落地诉求日益增强的时代背景,对已有研究中存在的教师课程实践研究匮乏、研究方法局限、研究视野窄化等现有困境加以突破。本书基于对社会学理论的深度分析,聚焦教师课程决策问题,选取 Z 市 M 小学的四位二年级数学教师作为研究对象,主要通过访谈、观察以及实物分析等研究方法,深入教育实践场域挖掘资料并进行系统化分析。此外,在全面、综合、系统的数据分析基础上,本书将深入分析影响小学教师课程决策的各个因素,最后提出相应的改进策略,以期对核心素养背景下的教师课程决策问题进行全面、系统的研究。具体研究思路如图 0-1 所示。

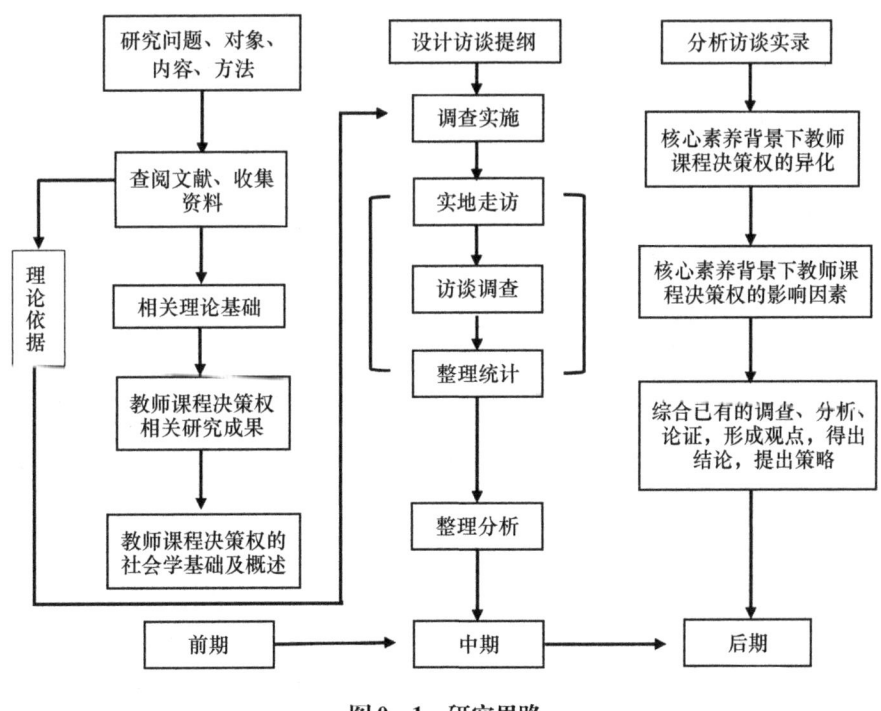

图 0-1 研究思路

首先，研究前期以中国学术期刊全文数据库、万方数据库、维普数据库、超星图书等中文数据库和 Google Scholar、Bing Scholar、Web of Science、EBSCO、Springer、Proquest 硕博论文等外文数据库收集的文献为基础，深入剖析教师课程决策的基本问题，并从社会学视域对教师课程决策问题进行理论层面的概述和解读。其次，研究中期依据现有资料，设计访谈提纲与观察记录表，开展实地调查工作。研究者对教师进行访谈并进行课堂观察，对文本资料进行整理分析。最后，研究后期基于观察和访谈资料的整理与分析，分析核心素养背景下教师课程决策的异化表现，发现其影响因素，并提出优化路径。

基于此，本书共分为六个部分：绪论是本书开展的整体铺垫，包括研究背景、研究内容、研究设计与方法等；第一章是围绕教师课程决策进行的社会学概述，包括教师课程决策的内涵、类型、范围、基本要素、过程、来源、层级、特征、运行机制、价值取向；第二章从公共生活、集体行动、社会网络等多维视域对教师课程决策进行全面解读；第三章是核心素养背景下教师课程决策的异化，通过对四个不同的研究对象的长期观察和深度访谈，分析了实际的教学场域中教师课程决策的异化表现；第四章是核心素养背景下教师课程决策的影响因素分析，主要包括个体因素、关系因素、组织因素；第五章是核心素养背景下教师课程决策的实现路径，包括在知识构建中、在集体行动中、在社会关系网络中、在学校公共生活中实现教师课程决策。

二 研究对象

本书选取了 Z 市 M 小学的四位二年级数学教师作为研究对象，主要通过访谈法和观察法分析教师课程决策在核心素养背景下的相关问题。Z 市 M 小学是一所拥有四十余年历史的市区示范级小学。长期以来，学校本着"全面发展，学有特色，以人为本"的办学思路，紧密结合科学性和人文性两个维度设计学习目标，有效地促进了学生的全面发展。

本书选取小学二年级数学教师作为研究对象，一方面是因为数学学科对学生核心素养的要求相对于其他学科来讲较为明显；另一方面是因为小学低段学生思维方式的可塑性较大。在核心素养时代，为了培养学生的数学素养，教师需要根据学生的认知特点和学习环境来选择和调整相应的教学内容。因此，教师对内容的选择和调整必定会因为具体教学环境的不同而显示出差异。

基于此，考虑到本书需要具有代表性和多样性的研究对象，研究者经过层层观察与筛选，主要选择了四位在年龄、教学经验、任期、学术背景等方面具有代表性和明显差异的二年级数学教师作为研究的主要对象。同时，本书将研究对象进行了相应的比较，以求更好地反映教师个体在进行课程决策时存在的差异。最终，本书对研究对象进行了编号，基本情况如表0-1所示。

表0-1　　　　　　　　　研究对象基本情况

编号	教龄（年）	职务	职称	学历
XYX	25	年级组长	小教一级	专科
WX	18	无	小教一级	专科
LYY	5	无	暂无	本科
LMY	2	无	暂无	硕士

三　研究方法

教师课程决策是一个复杂的、系统的工程，需要综合运用各种研究方法进行系统的研究，而最适合对自然情境进行研究的质性方法是最为契合课程行动研究的，因而也是最适合探讨教师课程决策问题的研究方法。[1] 因此，考虑到教师课程决策的复杂性，本书在调研过程中主要采用了质性研究方法。具体而言，本书前期主要采用文献法对已有研究成果进行梳理与分析，并在此基础上通过深入访谈和观察了解教师课程决策的现状，从而解释影响教师课程决策的多维因素。

（一）文献法

文献分析的方法是从研究主题的历史开始，收集与研究问题有关的文献（包括文章、期刊、论文、学术报告等）资料，通过提取、比较、分析相关资料，为后续研究提供坚实的理论基础，以期进行下一步研究。[2]

---

[1] 杨明全：《革新的课程实践者》，上海科技教育出版社2003年版，第151页。
[2] 廖圣河：《教师课程研究》，博士学位论文，南京师范大学，2013年。

基于此，本书采用了文献法。首先，主要对国内外关于"核心素养""课程决策"以及"教育社会学"等方面的研究成果进行了系统梳理，旨在厘清研究问题和研究思路；其次，广泛汲取公共性理论、集体行动、社会网络等理论力量，借此丰富教师课程决策的理论视角，以深入地理解和揭示教师课程决策实践的意义；最后，在分析具体数据时，借由文献分析法，适当引用其他研究成果中关于教师课程决策的经验，以拓展教师课程决策的研究广度和深度。

（二）访谈法

通过与研究对象面对面访谈，收集相关信息，从而更深入、更真实地了解教师课程决策情况。正如美国学者伯顿·克拉克（Burton R. Clark）所言，被访者会谈到一些相互矛盾的感受，这些是问卷法所不能调查到的。[①] 本书使用访谈法的主要目的是，在文献中很难捕捉到所有真实的问题和影响教师课程决策的深层次原因，但通过访谈法可以深入掌握研究所需要的信息，同时也可对后期材料进行完善、补充。本书调研过程中，采用了有访谈提纲的结构性访谈方式，在征得每位调研对象同意后进行了访谈，并在后期转化为文本资料。访谈内容主要分为三类：第一，事实性内容的调查，旨在要求被访者提供切实了解的一般情况，如核心素养背景下教师课程决策的现状、决策行使中存在的问题等；第二，意见的征询，即征求被访问者对核心素养背景下教师课程决策开展的看法和建议等，如"您觉得如何提高核心素养背景下教师课程决策能力"等；第三，了解被访问者的内心和行为动机，以期发现影响教师课程决策异化的深层次原因，如影响教师执行课程决策的因素等。

（三）观察法

观察法作为一种教育研究方法，需要研究者或观察者带着明确的目的，通过自己的参与和其他辅助手段（观察表、音响设备等），直接或间接地从具体环境中收集研究所需的信息，并以这些信息作为研究的基础和补充。为深入了解教师在核心素养背景下的课程决策现状，本书中的研究者根据高德的观察连续体的分类，以非参与性观察者的身份观察被试者的

---

① ［美］伯顿·克拉克：《我的学术生涯（下）》，赵炬明译，《现代大学教育》2003年第1期。

行为表现。具体而言，笔者进入 Z 市 M 小学进行了为期两个月的观察，选取教室、办公室与会议室等教师出入最多的地方作为观察的主要场景。此外，研究者主要采用直接观察的方法，进入课程决策现场对观察对象进行直接感知。通过观察表，笔者详细记录了教师基于学生数学核心素养进行课程决策的过程，这一研究过程为本书获取了可靠的第一手资料，从而与访谈资料、问卷数据形成了研究资料的三角互证。

第 一 章

教师课程决策的社会学概述

第一节 教师课程决策的内涵

一 教师课程决策的含义

（一）决策

什么是决策？在哲学视域下，决策是"决策者根据对自然界的必然性认识来制定出我们未来实践的行动方针和计划，并用其支配我们自己和外部世界"①的活动。这种基于客观行为的主观意向是对未来实践活动的目标、方法、原则所做的甄别、判断和选择。在心理学视域下，决策是通过心理活动或者内隐性思维产生的，为解决问题或者矛盾而做出的决定。② 在此，决策是一种观念或者思维过程，而"决策的思维内容是对信息的判断以及对方案的比较、选择"③。在管理学中，决策是指"人们在行动之前，对行动目标与手段的探索、判断与抉择的过程，也就是做出决定的过程"④。早期的决策理论——"完全理性决策理论"便是依据"经济人"的假设来设定的。该理论认为"经济人"拥有无所不知的理性，因而能够在决策中寻求最佳决策方案。⑤ 在社会学视域中，决策是一种"选择"的过程，即人们为了达到一定的目标或获得一定的利益，在拥

---

① ［美］赫伯特·西蒙：《管理行为》，杨砾等译，北京经济学院出版社1988年版，第78—83页。
② 姜圣阶、曲格平、张顺江等：《决策学基础》，中国社会科学出版社1986年版，第5页。
③ 李新旺、刘金平：《决策心理学》，河南大学出版社2003年版，第3—7页。
④ 黄孟藩、王凤彬：《决策行为与决策心理》，机械工业出版社1995年版，第2页。
⑤ 常思亮：《大学课程决策研究》，博士学位论文，湖南师范大学，2010年。

有一定信息和经验的基础上，凭借社会地位和社会资本，做出各种预选方案，从中选择出作为人们行动纲领的最佳方案并将之付诸实施的过程。因而，决策活动应具有以下三个特征：一是决策必定涉及决策主体；二是决策是一种判断和选择的过程；三是决策结果可以被实践验证。

在社会学的观点中，决策作为一定社会背景下问题和环境交互作用的产物，是受制于社会公共预期的合乎实践理性与技术理性的选择结果。任何一项决策都要受到决策主体、利益集团、相关利益群体的制约。有效决策信息的供给、决策主体的能力以及从决策个体到最高决策层的整个纵向"行政—政治"权威体系共同决定了决策者的判断与动机。一方面，从微观理性的选择来看，有的决策考虑到了决策主体嵌入微观理性选择过程的复杂性，看到了作为"社会人"的决策主体背后的利益倾向性、价值正当性、文化优先性以及个体决策者地位、身份、资本的差异性。因而，决策主体在选取决策策略时产生了不同的行为类型。美国政治学家安东尼·唐斯（Anthony Downs）抽象出组织结构中人员的动机类型，以此来判定他们在决策环节的显著性差异，从而评估不同决策者对决策效用的未来预期。例如，权力攀登者与权力保守者属于自我利益的捍卫者，他们在决策中倾向于捍卫个人权益，通过自身的目的以隐蔽的方式藏匿于决策设计中，影响决策在整个社会秩序中的功能与效用，并使集体性发展和集体性权益被裹挟。由此，这种微观理性视角下决策主体的身份资本、心理动因、位置高低以及与他人的强弱关系在一定程度上会影响决策环节的建构与决策的未来走向。另一方面，在宏观层面上，由于组织结构的制约性，处于不同组织地位的决策主体所占有的资源、决策机会是不相同的，个体决策行为被集体组织制衡与监管。组织制度所包含的一系列价值观、目标、规则和信念，支配着组织成员的思维方式和行为方式，使其在处理人际关系和维系自身发展时，所持有的判断标准和价值取向趋同，进而影响着集体决策的落实。

（二）课程决策

课程决策是对课程问题的判断与选择的过程，不同学者对课程决策内涵的理解不同。有学者认为课程决策是决策主体对课程问题所做的判断。

该观点关注了课程研制的不同阶段和不同水平。① 有学者从课程开发的视角，认为课程决策是决策者对课程开发中的教育目的与手段进行判断、选择和组织的过程。② 也有学者认为课程决策就是对课程内容、课程目标、课程评价等方面的判断与选择。在中国台湾地区，学者们多将课程决策界定为："由不同的参与者，可能是一个人或一个组织或团体，就课程领域所包含的目标、理念、素材、结构进行分析、计划、设计、发展、实施与评价的过程。参与者在此过程中通过慎思与合作，研拟出可供选择的方案。"③

从上述学者基于不同视角对于课程决策的界定可以看出，首先，课程决策必定受到决策主体价值观念、文化认同、社会资源等的影响。④ 其次，课程决策直接指向课程问题，经过决策主体判断、选择、甄别，最终指向实践。由此，课程决策是决策主体对课程中的问题做出定位、提出解决方案，进而选择出满意的方案并将之执行的过程。决策主体不仅存在于学校课程场域之中，也存在于学校之外关于课程改革、课程问题解决的决策运作过程中。⑤

在社会学领域，有学者认为课程作为社会控制的中介，课程决策在课程中的形成与实现乃是社会意识形态、群体规范、权威意志等社会控制因素的具体体现，它铭刻着社会权威支配课程开发、实施、评价等的印痕，体现出制度规定性、目的指向性、复杂相关性和价值多元性的特征。具体而言，课程是由目的、内容、方法论、次序和评价等因素构成的，这些因素来源于社会规范以及组织制度。⑥ 一般而言，课程决策往往通过三级课程管理制度中的权责赋予来达成控制的意图。当外在的社会控制方式与个人内在的思维方式、情感状态产生互动时，一种更为内隐的社会控制方式

---

① 李水霞、熊梅：《新课程下教师课程决策的变革》，《东北师范大学学报》（哲学社会科学版）2014 年第 1 期。
② 丁念金：《论教师的课程决策意识》，《课程·教材·教法》2006 年第 3 期。
③ 陈蓉晖：《幼儿园教师课程决策的个案研究》，博士学位论文，东北师范大学，2009 年。
④ 刘笑：《核心素养背景下教师课程决策的问题及对策研究》，硕士学位论文，吉林大学，2021 年。
⑤ 刘笑：《核心素养背景下教师课程决策的问题及对策研究》，硕士学位论文，吉林大学，2021 年。
⑥ 皮武：《地方性大学的课程决策研究》，博士学位论文，南京师范大学，2012 年。

便产生了。课程决策过程不再是一种技术过程,而表现为对社会意识形态的抉择、对课程知识程序上的控制以及课程体系设置上的决策,最终达成课程与社会总体利益的一致。其次,不同学科课程所蕴含的社会控制意蕴和方式各不相同。以人文社科类课程为例,人文类课程乃是社会控制的重要争夺领地,凝聚着文化、意识形态等,同时也是规制着多种价值的生存领地,发挥着承载官方意识形态的思想性与工具性职能。最后,课程决策由课程问题构成。这需要专业人员的参与。"课标研制小组""课改专家小组"等构成同样表现出国家权力控制下对优秀知识分子的评价与选择,显现出国家权力对课程决策场域的规整。

(三) 教师课程决策

什么是教师课程决策?学者赵虹元把教师视为学校层面课程决策的主体,认为教师作为学校组织的成员,有权参与学校各种课程事务的决策与安排,包括课程计划的设定,课时安排,教材选用,校本课程规划、开发与实施等[①]。杨兰则认为,教师课程决策表现为教师的影响力,主要包括教师对课程的影响以及教师通过课程对学生进行影响。他提出,教师的课程决策是教师对最终决定所产生的全部影响。[②] 由此可知,教师课程决策表现为,教师作为国家课程、地方课程和学校课程的运作者,通过自身的教育背景、知识体系、经验认识等身份资本对课程目标、课程组织、课程实施、课程评价等施加影响,目的在于实现学生与自身能力的共同发展。在宏观层面,教师课程决策还表现为参与课程开发、学校课程管理等事务。[③] 由此,教师课程决策是一种专业性的决策,既具有一般决策的特征,又具有课程领域决策的特殊性。[④] 基于此,我们可以将教师课程决策的内涵视为教师在相应的制度规则、组织文化、伦理道德的框架内,通过对课程的能动作用,在与相关因素的互动过程中,最大限度地发挥课程决策的影响,从而满足学生多样化的需求,获得社会公众的普遍认同。

---

① 赵虹元:《基础教育教师课程权力研究》,博士学位论文,西南大学,2008年。
② 杨兰:《权力、协商与教师的课程决策》,《教育发展研究》2009年第20期。
③ 吕立杰、陈建红:《教师集体课程决策的特征与局限》,《课程·教材·教法》2008年第12期。
④ 张华:《论学科核心素养——兼论信息时代的学科教育》,《华东师范大学学报》(教育科学版) 2019年第1期。

基于以上对教师课程决策内涵的分析，本书认为教师作为课程实践的主体，在分析课程问题，制定、实施或评价决策方案的过程中，需要对决策本身进行分析并基于具体情景做出理性判断与选择。因而，核心素养理念的实现必须重视教师课程决策在核心素养培育中的关键作用。

二 教师课程决策的范围

教师课程决策的范围划定旨在为课程决策的开展明晰具体的课程领域。关于课程决策范围的研究主要有两个方向，一个是从课程促进社会化的宏观角度出发，指出课程决策的范围，如伊格莱斯顿立足于课程社会化过程的宏观视角，认为课程决策过程即为社会控制的过程。决策主体要厘清课程决策的范围，厘清课程知识是如何选择、分配和传递的。这是对教师决策范围的社会学再追溯。另一个则是从课程发展的具体层面出发，详细阐述课程决策的问题，如伊芙琳·索尔维（Evelyn J. Sowell）等人从课程相关要素的视角出发，将课程决策的范围自上而下设定为对各级课程目标制定、课程内容组织、课程标准建立、课程资源选择、教材编订、教学策略探讨、课时分配、学生学习活动安排、课程评价方案制定等过程和环节。①

教师课程决策的范围究竟该如何明晰呢？首先，从教师本身来看，我们认为在课堂教学层面，教师的课程决策主要有：教师对学生现有状态的考察、学生学习或行为改变要达到的目标、可供选择的教学策略、教师对目标达成的决策等②。即教师作为课程知识的分配者、学生交往的控制者，通过发挥课程决策在课堂中的"运作力"，有意识地对决策方案或课程问题进行挖掘、推断和厘定，从而选择所需要的角色情境，继而反映出当前的价值认知、社会整体的思想观念和态度等。其次，除课堂教学以外，教师还参与学校课程目标、课程方案的制定等，其中教师群体的集体决策是主要环节。具体而言，为提升学生整体核心素养，同学科或者跨学科教师通过集体决策的方式，参与到课程编制与决策的过程之中，使课程的设置、实施、评价等环节更加多样与合理。在学校集体中的教师课程决

---

① Sowell Evelyn J. , ed. , *Curriculum: An Integrative Introduction*, Englewood Cliffs: Prentice-hall, 1996, pp. 23 – 29.

② 张廷凯：《课程决策与教师专业能力发展》，《课程·教材·教法》2009年第2期。

策，教师集体共同协商并明确课程决策的责任与分工，包括课程目标的制定、课程方案的选择与甄别以及教学策略的执行等。① 集体的权责分工、集体的总体意向以及共同的社会期望是整个决策集体的价值基础与行动前提。除此之外，学者泰勒（Taylor）等人还曾明确提出教师参与决策的三个不同水平，涉及教师自身层面以及教师群体层面。其一，个人层面的决策参与，即教师对与个体相关联的教育教学实践活动的抉择，如教学材料的组织、时间安排、学生的评估等。在此过程中，教师凭借自身的专业权威能力以及制度赋予教师话语权力，通过对知识资源的选择和教学过程的控制，科学合理地设计符合整体社会意识形态的决策设计。其二，群体层面的决策参与，即教师作为集体的一员参与学校课程规划、学科小组课程审议等。

由此，在本书中我们所探讨的课程决策范围是从整体上厘定为教师对课程相关要素的全部判别与选择。具体而言，一是聚焦于课堂教学中教师课程决策的微观场景；二是中观层面学校公共生活中教师课程决策的运作；三是宏观层面国家与地方课程的显性制度与隐性权威对教师课程决策的作用。在社会学视域中，教师通过与学校、学生及其家长、课程专家、教育行政人员等相关主体的交流与互动，织就了一张强大的"社会关系网络"。在这个特殊的"网络结构"中，各主体对课程决策的运作不断地进行规约与制衡，共同勾画出对未来的社会构想与课程变革蓝图。

第二节 教师课程决策的构成要素

教师课程决策的要素包括决策者、决策对象、决策信息、决策准则。这些决策要素之间相互关联，各有特点，共同促进决策运转。②

一 课程决策者

在课程决策运作过程中，教师是主要的决策者。在社会学视域中，教

---

① Taylor D., Tashakkori A., "Toward an understanding of teachers desire for participation in decision-making", *Journal of School Leadership*, Vol. 7, No. 11, 1997, pp. 609 – 628.
② 魏薇、王梦娇、于璇：《高校教师专业决策运行机制的构建研究：有机前提、作用方式与现实可能》，《现代教育管理》2015 年第 8 期。

师专业身份是夹杂在空间与时间序列中的演变体并生成于关系互动中,即个体置于自我、角色、社会、文化与他人互动之间的身份构成中。教师作为课程决策者,除却专业角色要求,还受到社会制度、学校科层、个体所处的位置以及与他者的互动关系的影响,主要体现在以下两方面。其一,课程的运作和开展离不开教师的思考和行动。① 教师作为具有一定社会背景和社会地位的课堂教学组织者、决策者和行动者,要推动课程决策的有效运作,应积极参与到课程编制与决策的过程之中。这样,凝聚教师集体的智慧,使课程的设置、实施和评价过程更加科学合理。其二,教育场域内外的各个要素都需要通过教师课程决策发挥影响。教师课程决策过程的社会性表现为"社会规定性"。具体而言,在课程开发与改革中,为落实核心素养的具体要求,教师应准确把握社会文化传统、群体信仰、价值取向等社会性因素。在教学实践中探索课程教学的社会学模式,准确把握、认识课程实践中的个体现象以及群体状况,考量不同情境下课程改革对于教师角色的特定需求,以达成教育的总体愿景,确保新课程改革在实践中顺利进行。值得注意的是,在教师课程决策运行过程中,决策的主体既可以是个体,也可以是群体。在复杂的课程情景或课程变革中,教师个体的经验、能力较为有限,② 因此教师集体课程决策就非常必要。约瑟夫·施瓦布(Joseph J. Schwab)提出了教师群体审议的课程决策方式,它是指教师集体在特定的情景中,通过对问题情景的反复权衡而达成一致意见,最终做出行动决策的过程。③

二 课程决策对象

"决策对象是人的行为能够施加影响的系统。"④ 在课程决策中,教师课程决策对象一般包括受教育者和课程问题两类。受教育者即学生;课程问题即在课程开发的过程中出现的问题,包括教学目标的厘定、内容的组

---

① Ben-Peretz M., *Teachers as Curriculum-makers*, Oxford: Pereatmon Press, 1994, p. 6089.
② 王宪平:《课程改革视野下教师教学能力发展研究》,博士学位论文,华东师范大学,2006 年。
③ 朱永新:《新教育实验二十年:回顾、总结与展望》,《华东师范大学学报》(教育科学版) 2021 年第 11 期。
④ 杨苗苗:《IB 校本化中的教师课程决策》,硕士学位论文,华东师范大学,2019 年。

织等。但无论决策对象是受教育者还是课程问题，都是以人的培养为最终目的的。课堂作为学生学习活动发生的场域，是育人的主阵地，充斥着不同主体之间的博弈与张力。教师通过专业身份进行课程决策，将相互依赖的行动者意志、愿景联系在一起，以完成社会共契的课程知识、技能、价值取向的代际传递。本书认为教师通过开展各类决策，建构行动者之间的关系，实现育人目标。因而，只有了解、明晰决策对象的发展特点、规律和境遇，才能更有效地做出决策。教师在教学场域中应明确，学生是具有独立意识、拥有自身社会生活经验、不断发展的个体，他们期望从课堂教学中能够准确地把握教师所传递的信息。在当前的决策场域中，较多的决策者与决策对象始终保持着一种交互而又彼此区隔的权力关系，在课堂决策中既相互对抗又相互协商。只有真正平等、民主地互动，依据不同的课堂情境对决策方式进行调整，才能帮助学生通过知识学习、素养能力的培育获得社会认同，进而完成由"自然人"向"社会人"的转变。

三　课程决策信息

决策信息是决策者与决策对象交互的媒介，由"内""外"信息构成。内信息是决策系统内部发生变化的依据；外信息则是影响决策发展变化的外在条件。[①] 一方面，在课程决策场域中，制度政策、决策对象的身份形态、教师自身的资历等内在信息经由决策场域的融合，成为教师在课程决策过程中进行甄别、选择的依据，其决定着决策的整体方向。不过，由于不同教师有着不同的社会经验、专业水平，教师在决策过程中很可能会对同一课程问题产生完全不同的预测，进而转变决策的方向或结果。由此可见，复杂的决策环境也可能影响教师课程决策的最终效用。另一方面，外信息指向课程决策外部的历史文化、社会现实、未来发展等信息，在课程决策场域中，教师依托对外部信息的把握、判断和选择，能够有效整合内部信息源流，做出在当前情境中契合学生培养、发展的课程决策。除了"内""外"信息本身的影响，教师在决策网络中所处的位置也可能影响决策信息的传递。在课程政策信息的传递中，普通教师处于组织的底

[①] 刘笑：《核心素养背景下教师课程决策的问题及对策研究》，硕士学位论文，吉林大学，2021年。

层,不得不受到上级管理人员的控制与影响。当政策信息经过层层加工和修饰后,普通教师所接收的信息可能出现偏误,背离政策制定者的意图,造成决策信息传递不准确等问题。在推进核心素养发展的过程中,为促进学生的社会化发展,教师需要合理地应用外部信息,了解当前深受信息化社会、大众传媒多方影响的学生特征,关注知识社会中内部知识的呈现方式及其分配、选择的过程,防止课程决策走向封闭化。

四 课程决策准则

决策准则是保证良好有效的决策结果的重要前提。[①] 教师在课程决策运行过程中,其决策结果必然以某种价值准则、集体观念等为依据。具体而言,教师的课程决策准则一方面是教师依据政策文本、教师教学指导用书以及与专家的对话,形成对课程理论和课程问题的理性思考与价值判断。就其形成来看,决策准则形成于意识中的"决策行动方案",并在有限理性的抉择中,转化为与实际教育教学相调和的话语表述。例如,依据核心素养的指标体系,鼓励较为沉默或低成就的学生,提升其学习动机;通过教师个人对课程标准、专家话语的解读,给需要特殊关怀与引导的孩子更多关注;依据教师专业标准,抑制个人负面情绪,避免做出伤害学生自尊等不当的处理。这些合目的性、合规律性、合发展性的准则左右着教师的判断与选择,有的是明确的,有的是模糊的,有的是不可意会的,但都为教师课程决策提供了指导与支撑。[②] 在推进学生核心素养发展的过程中,这种使学生养成社会所需的"集体精神"的课程决策准则,总体上与整体社会意识形态的基本格调相吻合,能凸显国家意志,彰显育人使命。

另一方面,课程决策准则是教师长期进行课程实践的结果,源于教师在教育教学情境中有效解决课程问题的行动惯习。较有经验的教师在决策场域中能取得较好的效果,可能源自其较高的专业水平,他们能对学生的表现进行预判,并提前在头脑中做出决策预案。具体来说,教师作为知识传递、道德教化、观念再塑的执行者,承担着促进学生道德社会化、人际

[①] 叶澜:《新世纪教师专业素养初探》,《教育研究与实验》1998年第1期。
[②] 钟启泉:《基于核心素养的课程发展:挑战与课题》,《全球教育展望》2016年第1期。

交往社会化等职责,通常需要依据课程决策对象与具体情境做出正确的判断与选择。由教室、班级规模、座位编排、教学设施所构成的物理环境,以及由师生关系、交往状态、群体规范等构成的心理环境,共同编织出教师的"决策场域",构成教师进行决策的现实依据。有学者发现,教师基于一般的教学环节、课程材料的呈现顺序、学生群体的社会生活背景及自身的教学惯习,总结出自己的教学策略或决策准则。如依托核心素养指标体系,教师不断调节课堂教学中讲解、示范、提问等各个环节,以增强学生对于课程内容的理解,促进其核心素养的发展。在这个过程中,教师对种种有形的、无形的社会影响因素进行甄别、筛选与批判,逐渐形成指向学生核心素养发展并适应社会政治经济发展需要的课程决策准则或无意识的行动惯例。

五 课程决策结果

决策活动的目的在于获得决策结果。[1] 决策结果可以指导教师对课程实施过程中的各环节进行分析、反思和管理,明确多种课程决策带来的责任与后果,包括教师以何种态度和方式参与决策,以及决策过程中是否体现了社会所预期的价值取向与人才培养的向度等。课程决策结果的获得作为决策过程的最后阶段,一方面,旨在使国家意志、课程政策规制下的教师课程规划、方案等得到修改与完善,即反思制度化规则中赋予教师群体的社会化任务的效果;另一方面,旨在使教师在课程实践中调整和改进决策认识,实现能力与认知的再提升。教师课程决策过程中的每个环节都伴随着决策结果的产生、评价和总结,有的课程决策结果是对整体的、系统的决策过程进行集中的评估与反馈,而更多的课程决策结果是对即时的、局部的、不确定的信息进行反馈。作为决策主体,教师由于个人信念、社会背景、情感、实践知识、学科知识以及对决策对象群体状况的把握等隐性条件存在差异,在领悟、分析教材及决策课程实施方案时,对课程知识的呈现方式以及对课程内容的组织、排列与选择等操作逻辑都会有所不同。教师每一次在获得课程决策结果后的实践应对,都会成为下一次决策的经验储备,为指向学生核心素养的集体精神与集体道德的形成贡献出自

---

[1] 张华:《论核心素养的内涵》,《全球教育展望》2016年第4期。

己的实践智慧。由此可见,在决策场域中,教师对决策结果的考量、反思与应对都将转化为教师新的教学经验、情感体验与内在意志,从而指导教师以后的决策实践。

第三节 教师课程决策的来源与特征

一 教师课程决策的来源

教师课程决策作为教师在课程发展和实施的过程中,对有关课程的问题做出判断和选择的过程,[①] 其权责的赋予、内在动力究竟源自何处?作为一种存在于学校制度空间中的实践活动,课程决策是如何从外在的国家赋予到教师的内化自控?明晰核心素养背景下教师课程决策的来源,能更好地从社会学的角度了解决策过程中教师与学校的关系网络、利益相关者以及其他要素是如何交织与互动的,进而正确认识社会学视域下教师课程决策的合法性与特殊性,探清教师课程决策的运行和实现机制。

(一)合法性来源

教师课程决策的合法性直接关系着"教师何以能享有课程决策权"的问题。具体而言,教师合法性来源主要涉及两个方面:一是外在的合法性来源,即国家、地方、学校构成了教师课程决策的赋权主体,而教师则是课程决策的受权主体;二是内生性来源,即教师在占有课程决策运作的空间之上,依据其决策的合法性基础,获取决策信息、干预决策活动、控制课程话语、参与课程改革,建构其自身的专业性,从而实现从外在赋权到内生性来源的转变。

在当代政治社会学中,马克斯·韦伯(Max Weber)率先对"合法性来源"进行了系统论述。他认为"合法性"是群体共识下对某种既存的政治秩序或占统治地位的思想的信服。"合法性"呈现出的是群体在服从统治者领导时的心理情意或动机。[②] 据此来看,课程决策权不是随便赋予教师的,而是经过人们价值观念的确认以及反映这一价值理念的法律、政

---

① 钟启泉:《基于核心素养的课程发展:挑战与课题》,《全球教育展望》2016年第1期。
② [德]马克斯·韦伯:《经济与社会》,林荣远译,商务印书馆1997年版,第239—241、245—260页。

策法规等社会规范的调整后才得以存在的。赫伯特·西蒙（Herbert A. Simon）认为，决策根据本质的不同可以分为"价值判断"和"事实判断"，前者源于具有决策导向的最终目标的确定，后者则包含最终目标的实现①。这一方面说明教师课程决策并不是价值无涉的，其决策过程便是价值抉择的过程；另一方面说明课程决策合乎理性的同时也要合乎规律，二者共同构成了决策的合法性基础和依据。② 正如马克斯·韦伯所说，"制度应是任何一定圈子里的行为准则"③。要解决学校场域中各个要素之间的矛盾与冲突，必须达成秩序上的和谐。这就需要有一定的"行动准则"和"合法性依据"。

从外赋力量来看，教师课程决策的合法性首先源于国家教育法律法规和课程政策的相关制度对教师权利的规定。法律条文中对教师权利的规定关涉教师课程决策的利益准则、价值依据、行使效能以及在课程中如何行使、运作等方面。其中，教师课程决策运作过程中的相关利益关系也被做出了规定，即明确了赋权主体——国家，以及其他受权主体、客体等的权责关系，涵盖地方政府、学校、教师、学生等权力场域中的其他群体。由此可见，教师课程决策的合法性源于国家、地方以及学校赋予其参与课程决策及课程开发、实施、评价等实践活动，这与整体场域中的其他在场者共同建构课程决策运行的内在秩序，为教师合理进行课程决策提供了法律和制度依据。从内生性来源来看，教师课程决策的合法性也来源于教师自身的专业性与权威性。教师要运用决策智慧捕捉决策信息，推进学生个性化、社会化发展并探索课堂教学社会化模式。同时，教师还要通过心理情意与能力的双重发展，获得决策场域中行政话语和公共话语的支持与肯定，以发展其社会交往、合作与领导能力，进而获得更多的控制性、影响力。

尽管国家法律法规和课程政策作为教师课程决策的外生性合法来源，

---

① ［美］赫伯特·西蒙：《管理行为》，杨砾等译，北京经济学院出版社1988年版，第6页。
② 张乾友：《社会科学的身份之争与公共行政研究的分化》，《甘肃行政学院学报》2012年第5期。
③ ［德］马克斯·韦伯：《社会学的基本概念》，顾忠华译，上海人民出版社2000年版，第62页。

从宏观上指出了教师课程决策运作的应然状态，但还缺少内在权威说服力。因此，教师课程决策合法性的赋予还需要决策对象对教师的专业知识、决策能力做出最大限度的肯定，即教师通过复杂的人际关系网络获取决策信息、干预决策活动、控制课程话语，从而参与课程改革、维护社会意识形态。面对当前核心素养背景下各种复杂的课程决策情境，教师课程决策意味着"具有强制性力量"的专业权威的赋予，它是基于教师个体性与公共性身份的博弈，是个体品性、能力、价值信念、行为惯习与教师集体身份之间的互动与整合的结果。尽管教师之间在能力、资源、利益偏好等方面有着明显的差异，但专业化水平的核心仍是教师基于集体意识对具体情境进行分析、调适与建构的能力。这也是教师课程决策运行中由合法性转化为现实性的动力根基。

（二）动力性来源

动力性源于社会学中的冲突理论，该理论认为利益的获得与实现在本质上是相互冲突的，即相关决策在获得、运行、实现的每一个节点上都可能发生抵制和对抗。冲突理论由刘易斯·科赛（Lewis Coser）提出，他主张"冲突源于资源分配不均而开展的权力争夺，社会则是在不断冲突中逐步前进的，群体间的冲突有利于原有结构的再评估以及新结构的再聚合"[①]。冲突是一个平衡机制，在相关决策过程中，既有物质上的冲突，也有意识上的冲突。当决策场域中行动者的价值和目标与外在情境迥异时，行动者之间将出现利益及地位的不平等现象，主要表现为制度观念、心理上的不平衡。具体到课程领域之中，教师专业身份的赋予、决策的运行以及与"他者"关系的远近皆是占据不同利益群体之间的相互斗争和博弈的结果。博弈充斥在决策场域的各个环节，表现为国家、地方及学校课程对教师的控制与反控制的过程，同时暗含着学校、同僚、家长以及学生之间关系的不对等和相互抵抗。在此过程中，利益斗争不断上演，课程决策的结果在不同群体间的"斗争—平衡—斗争"中得到发展与更新，这推动着教师课程决策的变革和实现。

在教育教学场域中，教师在进行课程决策运作时，一面受到外在的课程控制，另一面则期待将自身的专业理念、行动准则等融入整个课程环节

---

① ［美］刘易斯·科赛：《社会冲突的功能》，孙立平译，华夏出版社1989年版，第72页。

中。如此，在课程的控制与反控制中，课程决策主体与决策对象之间、教师与课程之间极易发生多重冲突。就教师与外部力量而言，这种冲突体现在外部管理者对课程决策环节的控制与把握上，如对课程目标的拟定、评价方式的规定等。外部管理者将特定的意识形态、价值理念等融入课程标准中，而对基于标准不断进行课程决策的教师而言，其自身拥有着独特的思想、价值、观念，同既有的课程标准之间、理念之间易产生观念的冲突。当多重关系之间的平衡被打破，便需要通过调整课程方案或调整教师课程决策权限，使整个教育教学过程达到新的平衡。由此，从冲突走向平衡，保证了教育活动的连续性、发展性和革新性，凸显了教育活动中的本质性存在。由此可见，隐匿在课程内部的冲突也是构成教师课程决策合理运行的动力性源泉。[①]

（三）交互性来源

交互性作为教师课程决策的又一来源，蕴含着教师与决策场域中其他行动者的内置联系。作为具有教育职能的学校课程，也是一种蕴含各种复杂关系的网络场，任何一方都无法单凭自身个体的力量达成利益目标与价值诉求。在学校场域中，教师作为课程的领悟者、实施者、评价者，与课程之中的其他行动者存在密切的关联，这种联系使教师在进行课程决策时，需从整体上考量各部分关系的有序性，因而交互性成为教师课程决策的又一重要来源。米歇尔·福柯（Michel Foucault）从透视权力之间运行机制的角度，提出"制度本身是相互交错的网络，看似毫不相关的个体实则内含着深层的关系性表现"[②]。由此，教师只有在团结、信任的基础上，才能构建出信息共享、利益共赢、互助合作的协调网络。这也是教师课程决策的实质性来源，还是教师形成"我必须这样做"的内部动力的源泉。就教师而言，教师课程决策的运作始终处在与其他利益相关者的联结与交互中，学校、教师、学生等皆是网络中的端点，教师课程决策的运行与落实均需要各个交互节点参与其中。这就意味着各个关系要素在教师课程决策的运行中都发挥着重要作用。自三级课程管理体制实行以来，教

[①] 崔宇：《互生共融：过程公平视域下教师行动的结构性特征》，《南京师范大学学报》（社会科学版）2021年第4期。

[②] ［法］米歇尔·福柯：《必须保卫社会》，钱翰译，上海人民出版社1999年版，第28页。

师决策的运行与学校、教育行政人员、课程专家等利益相关者之间呈现出此消彼长的波浪状权力格局，同时还与众多的学生、家长间存在交互节点的联系。教师作为推动课程发展的主要因素之一，若要使教师通过决策的运作对课程发展产生实质性影响，就必须弄清关系网络中各主体交互的基本联结和运作秩序。

一般来说，国家、课程专家的利益需求主要集中在对学校课程内容的选择、组织以及评价上，饱含对未来社会情境中公民的技能、价值取向等角色期望。它实质上是基于集体意向所做出的甄别、判断与选择。因此，在课程决策过程中，教师应将个体课程决策纳入集体行动的维度，增强决策场域中与其他行动者的交互性，通过知识共享、主体分工、资源整合，建构教师课程决策的运行秩序。同时，面对学校复杂性的课程实施环节以及动态性的课程运行过程，教师不能作为完全独立的个体参与课程决策过程，而应与关系网络中的他者共同参与公共行动，运用同质性或异质性的关系网络进行信息交换与相互协作。因此，要保障教师课程决策的有效运行，需建立更加丰富的社会关系网络，最大限度地为教师课程决策提供可靠的依据。总之，在课程决策场域中，需要为教师赋权，使各行动者通过对话等方式实现平等交往。这也是保障课程决策有效运行的现实要求。教师需正视当前交错复杂的制度关系网络，不断更新、调适和维护自身在网络中的合法权益，使自己的课程决策行为在整个关系网中变得更为流畅与平衡。

二　教师课程决策的社会学特征

核心素养背景下，教师基于国家、学校组织、管理者、专家等群体的共同利益，在对课程做有限理性的判断、甄别与选择之下，表现出了哪些社会学特征？如何实现决策效能最大化？依据教师课程决策的社会学解读，本书认为教师课程决策具有控制性、关系性、资本性及伦理性的社会学特征。

（一）控制性

控制性作为政治学中的核心概念之一，被视作一种支配与服从的关系。组织社会学家米歇尔·克罗齐耶埃（Michel Crozier）从决策分析的视角指出了这种控制性的社会学特征，他认为"每一项社会行动都是控制力的一种运用，每一项社会控制关系就是一种权力方程式，在此基础上，我们发现决策过程便是决策主体在交换中获取对自己有利条件的具体体现"①。在课程决策的架构中，教师课程决策权的分配、获得及运作受到国家、地方、学校的影响，各种控制力直接作用于教师课程决策设计、决策实施，使之不断地被操纵、控制与规训。在集权制主导下，等级森严的层级管理表现在各种行政话语的控制取向、效率取向与科层取向之中，教师在这个过程中不断地服从、调整及配合各制度层级的指令。在社会学视域中，控制意味着决策主体对其他个体、社会群体和社会组织行为的调节与制衡，既包含对强势权力的规约，又包含对弱势权力的提携。在由不同决策主体所构成的"课程决策场域"中同样具有这种控制力。它不仅制约着课程知识的准入与传授、课程内容载体的选择，还制约着文化价值的遵从以及教师身份与角色的认同。由此，学校课程具有主导阶层文化再生产与社会再生产的主要职能。课程决策不再完全是价值无涉、客观中立的，而是具有控制属性和影响性力量。通过"控制力""影响力"的调控，课程决策总是与社会总体利益、社会预期相联系，正如马克斯·韦伯所说，"社会制度的设计以及权力层级的变更不断地使社会结构得以稳定，它们受到若干程序的控制、组织，并不可遏制地与配置这些权力的组织利益相联系"②。教师课程决策权的分配与运行显现出社会再生产在组织层面的规定性，是推进课程决策合理化运作的根基。③

在决策场域中，教师课程资源、要素分配的不平等可能直接导致教师课程决策在运作地位上的不平衡问题。处于高位置、具有较高控制权的教师意味着具有更强的权威性，做出的课程决策将具有更为深刻的控制力与影响力。这种权威性可为教师提供真实的课程信息和更多控制信息。同时，拥有较高权威的教师将有更多机会参与学校管理，成为与学校管理者、同侪及学生沟通的桥梁，并能在教师集体课程决策过程中更多地接触

---

① ［法］米歇尔·克罗齐埃：《被封锁的社会》，狄玉明、刘培龙译，商务印书馆1989年版，第23—24页。
② ［德］马克斯·韦伯：《社会学的基本概念》，胡景北译，上海人民出版社2000年版，第87页。
③ 杨小微：《现代性反思与中国教育的可持续发展》，《华东师范大学学报》（教育科学版）2021年第11期。

到其他学科的教师，从而扩大自己的影响力。对于控制力较低的教师而言，意味着自身将拥有较弱的课程决策的影响力和控制力。他们往往只能被动地听从于管理者、课程理论专家和教材编写者的指挥，个人的想法极容易被淹没在教师集体课程决策之中。他们往往对课程开发、课程发展拥有较少话语权，仅仅听从专家的判断，很少争取自身的权力，以及质疑专家的主张和动机的合理性。由此，在课程实践过程中，当教师对课程的设计、开发和实施产生不同理解时，他们往往会对课程决策的运行表现出缄默性与失语性，依旧按照教科书规定的路线或方式来解决问题，并忽视自身对课程、教材、学习材料进行创造性加工的过程，忽视自身具有的建构、决策课程的能力。这在某种程度上降低了教师对课程决策运作的控制力和影响力。

(二) 关系性

教师课程决策同样具有关系性的社会学特征。有学者认为，任何决策场域中控制力、影响力都是不断变动中的非对称性关系，是一系列的制度化关系。① 米歇尔·福柯把权力放在微观层面上进行考察，认为控制力是一种在社会微观层面上个体与个体之间所存在的力量关系。② 这种力量关系存在于社会中"毛细血管"般的结构网络，并且在无数的节点上被运作。在这个覆盖不同阶级属性、社会需要、价值规范的关系网中，每一种人际关系都有着利益的制衡与博弈，它们在"平衡—冲突—平衡"中"追求或保护某种特定的利益"。③ 从社会网络理论的观点来看，课程决策能有效地在关系网络中正常运作，其实质是课程改革之下控制力与相关利益再分配的结果。由此，我们可以说教师课程决策的运作绝不是单独的、独立的事件，而是嵌入关系网络中，融合集体意向与个体意向的关系性力量的运作过程。处在其中的教师会受到关系结构的制约，教师与教师之间的行为也会因其所处的关系网络位置的高低而有所不同。现实教育教学实践中，教师课程决策的效能存在着较大的差异，许多学者认为教师课程决

---

① [澳]马尔科姆·沃特斯：《现代社会学理论》，杨善华等译，华夏出版社1988年版，第135—137页。
② [法]米歇尔·福柯：《权力的眼睛》，严锋译，上海人民出版社1997年版，第29页。
③ 刘复兴：《教育政策活动中的价值问题》，《北京师范大学学报》（人文社会科学版）2002年第3期。

策效能的高低源于教师个体专业发展的差异性，但这并不能完全反映教师课程决策运作的真实样态。

对于教师课程决策的运作而言，教师所处的网络结构、在网络中的位置以及网络节点本身的位置之间的相互作用，都制约着教师课程决策行为，影响着教师课程决策的运作过程。具体而言，教师课程决策的关系性表现在教师之间、教师与专家之间的良性关联与互动中。教师之间稳定的、积极的有效联结是激发教师专业素养、贡献个体实践智慧的前提。教师个体通过对课程变革的新要求进行全局性、广泛性的把握，不断分辨、甄别课程决策在不同的课程决策场域中真实且具体的效用。教师集体高质量的联结能帮助教师个体了解课程改革中课程决策的调节与运作方式。再者，教师作为课程决策的践行者，是课程实践的主导力量，与身处权力网络较高位置的专家学者有着非常密切的联系。如在课程开发的决策中，教师既需要把握专家对于课程实践的观点与取向，还需要有效构建与自身相适应的实践逻辑，如在课堂场域中如何应对、处理学生及家长的利益诉求，如何对生生关系进行调适等。由此，教师在课程决策运作场域中需要对各方利益相关者进行平衡与兼顾。

（三）资本性

资本性是教师课程决策运作过程中的另一个社会学特征。具体而言，教师课程决策的运行能够为教师带来文化资本、身份资本和社会资本。首先，文化资本可以理解为一个人受教育的程度。在皮埃尔·布尔迪厄（Pierre Bourdieu）的社会学理论中，强调了文化资本的重要性。文化资本是指一个人所掌握的知识与技能及其带来的经济效益中非金钱、非物质的资本。其次，身份资本涵盖制度形塑下身份所关涉的利益关系。本书中的"身份资本"主要是指教师课程决策权的赋予为教师带来的决策能力的提高以及实践智慧的生成。教师通过课程决策的参与、课程资源的开发、课程改革的评价等过程，不断提升其课程设计、教学方法应用、班级经营以及对教学计划、教学内容、教学活动的选择等能力，从而获得多方利益主体的认同，实现文化资本与身份资本的加持。最后，课程决策的运作还具有社会资本的价值，如人际网络以及个体调动社会关系和资源的能力。教师所做出的课程决策使其拥有了更多的话语权，教师可以与不同的教育力量进行沟通，行使课程整合的权力。同时，教师课程决策的运行不仅仅是教师个体的事务，而是需要一群人共同协商、沟通的过程。教师课程决策的运行与教师个体的集体认同有着密切的关系。教师个体只有在集体认同的基础上产生集体的意向，才能将个体的行动能力、资源和能动性有机整合到集体行动当中。由此来看，教师课程决策的运作范围，不仅仅局限于个人场域，还包括集体场域。除此之外，教师可以在课程设计、课程实施与评价的过程中，联合上级教育部门、学校、家长及社会力量，在共同的教育愿景与期待下，不断促进多方力量的有机互动，形成以尊重、信任、平等为基础的发展性人际网络，并通过个体间的"调节性作用"，使教育的发展更加和谐。

（四）伦理性

教师课程决策的调适与运行实则是一种道德实践，道德化是教师课程决策的必然追求。[①] 课程决策的伦理性主要是指教师在课程决策的过程中基于师德伦理的理性要求，[②] 自觉对课程诸多要素和方案进行道德判断和选择，使决策结果趋于道德化，符合伦理规范。伴随着教师专业自主意识的觉醒以及国家对教师专业发展要求的提升，教师的专业角色需要从课程的被动执行者转变为课程的主动决策者，课程决策合理性的实现及其正向功能的发挥都离不开教师对道德规范的遵守和领悟，抽离道德向度的课程决策极易陷入无序化的失范境地。因此，课程决策的伦理特征是基于道德视野对课程决策的延伸和拓展，课程决策的道德审视理应成为评判教师课程决策效能的重要维度。

在教师课程决策的运作之中，教师作为知识传输、道德教化、观念再塑的执行者，承担着道德社会化、人际交往社会化等职责。学校组织成员、学生在共同或相似的知识结构、信仰体系、道德规范、行为惯习等前提下，习得高度相似的价值信仰、情感甚至同侪文化。这主要源于教师在回应集体道德诉求的实践活动中对决策信息、决策方式进行有意识的审视与抉择，体现的是教师决策运行的伦理意蕴。这是一种更深层次的、以公正与道德为主线的非制度性的道德选择，旨在使学校组织成员、学生等行

---

① 符太胜、严仲连：《信任与信任危机：教师赋权增能的核心问题》，《教育理论与实践》2014年第25期。

② 徐廷福：《论我国教师专业伦理的建构》，《教育研究》2006年第7期。

动主体形成更加良性的协作方式、产生更加强劲的聚合力，也使教师课程决策的合法性得到广泛的文化认同。

第四节　教师课程决策的运行过程

在决策场域中，教师课程决策的实现需要经历"获得—运行—反思"的过程。在制定与获得中，教师课程决策要从外在制度赋予到内化自控，需要制度规则来明晰教师课程决策运作的界限与标准，以获取社会对教师身份的利益认可和价值认同。在运行过程中，需重视课程决策执行中的个体资本、集体认同及关系架构中的联结系统，使教师课程决策的运作从"专业角色"走向"身份认同"。在评价与反思中，需将"教师行动"置于组织结构、权责网络、关系架构中加以理解，从不同层面反思教师课程决策的实现程度。

一　获得：从"制度赋予"走向"内化自控"

制度与规则是寓于组织结构中的控制性的规范和标准，包含一系列的价值观、目标、规则和信念。这些要素支配着组织成员的思维方式和行为方式，使其在处理组织人际关系并做出相应的决策时，能够明晰决策的界限与范围，并持有共同的判断标准和价值认同。无论何种职业，都是社会文化、政策制度规制的衍生物。其中，教师职业作为社会分工的一种，层层嵌套在政策制度及社会文化的背景之中，受到社会场域、时代背景对自身角色的规约与制衡。嵌入其中的教师如何被赋予合法性的工作意义与工作价值，是探讨教师课程决策如何运作的前提与基础。确切地说，在组织架构中，教师课程决策的实现是赋权者通过一定的程序，制定出有关教师课程决策运行的规章以及有序制度，对教师行为进行控制与规定的过程。这是整个教师决策在运行机制中的核心。

首先，在教育场域中，课程权力的传导通常认为是自上而下进行的。在金字塔的顶层存在着权力主体——国家。在这种组织结构体系中，所有在场者包括地方政府、学校、教师、学生等，只能在自上而下的制度规制下进行活动，并作用至社会关系网络结构的每一端。国家作为权力的最高层，拥有合法的强制力，能够通过课程政策决定着学校中应该传授什么正式内容。如石筠弢所说,"课程政策是规定课程的性质、指导并控制人们的课程行为走向的大政方针和策略"①。教师课程决策由国家来规定、制约与赋予,直接或间接地对课程开发、设计、实施等环节进行规制与干预。其次,教师课程决策的制定还受到学校组织层面对权力控制的影响。具体而言,教师课程决策是在特定的学校组织结构之下持续发生的复杂过程,涉及学校组织层面对教师课程决策的控制,关系到教师合法权益的行使,它甚至还关切到教师课程决策的虚实问题。在学校范围内,教师的课程决策是一种制度化的实践。我们不能将教师课程决策的实现简单地视为教师在课堂场景中运用课程决策解决课程问题的过程,而应将其视为在学校组织环境中,教师不断地获得自身基本权益、基本尊严和履行职责的过程。在这个过程中,教师个体或教师群体通过参与学校层面的课程决策,完成了学校范围内的制度化实践。

在社会学视域中,教师作为课程决策运作过程中的主导者,其合法性身份的获得以及对政策法律规定的认同,实质上就是对制度形塑下身份所关涉的利益认同。这其中既包括教师自己对所获取利益、资本的认同,也涵盖着社会他者对教师身份所涉及利益的认可。一方面,教师自身要充分理解政策制度所赋予的身份、角色与课程权力,即教师需对"自我"身份和角色不断地进行判断与解读,并通过与社会情境的协商与整合,主动探寻并持续建构自己的工作状态、工作意义,形成对自身行动的深层理解,进而达成对课程决策的认同。它不仅蕴含着教师未来的行动理念,还包含着教师在课程运行、编排中对道德、伦理等基本价值的判断与选择。另一方面,教师课程决策的方式,还源于权力主客体所遵循的价值规范、信仰与社会秩序。这意味着在决策场域中,社会中他者对政治秩序和利益准则的普遍认同与服从,使教师易形成与其他社会成员相似的价值观、处事方式、教育信念等,并以一种"集体无意识"的方式将其渗透到课程决策的运作中。这种"公共意志"与"群体信仰"以隐匿的形式规约着教师在课程事务中的判断与决策。总而言之,在教师课程决策运行的生态系统中,课程决策的实现将推动教师发挥决策的正向效能,促进课程的运行与调控的效能,推动学生的成长及自身决策能力的发展。

---

① 石筠弢:《好的课程政策及其制定》,《课程·教材·教法》2003年第1期。

二 实施:"个体—集体—关系"架构中的决策运作

教师课程决策的运行,是指教师在现有的教育法规和国家课程政策允许的范围内,在课程研究、开发和实施的过程中,合法使用与支配权力的过程。① 这种运作过程能够产生控制性力量,教师将这种力量与自身内发性能力进行交互,使得专业话语权力同集体、其他行动者之间产生互动与博弈,进而在与其他利益相关者的协商与对话中选取最优方案,以实现决策过程和决策结果的最大效能。

首先,在课程决策执行中,教师个体资本制约着课程决策的运行。在社会学视域中,布尔迪厄将经济资本、社会资本与文化资本视为符号资本,他认为任何权力的运作与实现都是以行动者拥有的符号资本为前提,行动者拥有的资本越多,其权益实现的可能性也就越大。② 教师的个体资本主要体现为合法性权益的占有,如课程决策权、课程实施权、课程评价权等。教师拥有的身份资本决定着课程决策程度与范围。在决策场域中,每位教师都具有自身独特的教育实践经验、个体资本和心智结构,他们在各自的课程实践中都有比较固定的个体认知图式和运作方式。在教师课程决策的运作过程中,教师既有的个体资本与自身的心智结构、个人偏好、教学期望等因素产生勾连。具体而言,教师的身份资本与决策之间有着内在关联性,如课程决策中对课程内容的选择、对课程资源的取舍、对教学策略的判断等,它们在很大程度上取决于教师的资历、社会地位、人际关系等。如果教师拥有的身份资本不发生改变,则其认知方式以及判断、选择的标准也不容易转变,导致教师课程决策的效用也难以发生转变。因此,教师需要通过课程实践,推动其身份资本、文化资本的实质性转变。如果普通教师能在决策运作后获得效益,其自我效能感也会逐步增强,个体资本也会随之累积。因而,教师必须在课程决策运作中把握对决策要素的认知,不断地在课程实践中对决策过程进行反思与积累,从而获得决策

---

① 赵虹元:《基础教育教师课程权力研究》,博士学位论文,西南大学,2008 年。
② 赵虹元:《论教师课程权力习性的养成》,《教育导刊》2010 年第 10 期。

的实践经验与心理体验。① 这种反思性经验有助于教师发现课程决策的运作活动与结果之间的关联,从而推动教师课程决策的高效开展。

其次,教师课程决策不仅是教师个体运用身份资本解决课程问题的过程,同时也是在学校组织集体中,参与课程目标设置、课程开发、课程管理等事务的过程。因此,在教师集体课程决策的运作过程中,为了增强集体决策中的组织秩序性,一方面,教师需要超越自身的"个人主义",基于集体理性做出课程决策,以实现集体的共同期许与行动使命。在此过程中,教师个体的专业知识、经验水平等在很大程度上将进行调整,其最终决策也将是组织集体共同选择的结果。另一方面,教师集体课程决策的实现还需要教师产生对组织集体的认同。具体而言,教师对课程决策的执行,是在理解和认可核心素养的基础上形成的。只有在认同的基础上产生集体的意向,才能将教师个体的行动能力、资源有机地整合到决策场域中,使教师逐步在决策运作过程中拥有专业权威性。这种教师专业权威性表现在:置于学校场域内与贯穿于教育教学过程中的知识是教师所独有的,是限于特殊场域的专门知识。这便促成了教师专业人员身份的形成。由此,教师课程决策的运作是建立在教师群体对课程标准、专业知识的把握,以及对课程事务的理性思考和价值判断的基础之上的。在现实的教学场域中,若教师的决策标准及其行动与集体取向发生冲突,那么仅凭借教师自身的价值预设、偏好以及带有成见的"惯习"认知来进行判别,极易导致教师课程决策的"偏误""不平衡"甚至"不公正"。因此,教师需意识到自身的专业权威性,并在决策场域中同国家集体意志、社会价值达成共同愿景,以提升自身对课程决策的认知水平,发展自身对课程进行甄别、厘定与廓清的能力,使自身从个体自我逐步走向专业自我。

最后,互动关系作为教师课程决策运行的结构系统,为教师课程决策的践行提供了根基。在课程决策运行过程中,拥有不同身份资本的教师,决策场域为其提供了一种"个人—群体"相交互的场所,使其能同其他

---

① 周文霞、郭桂萍:《自我效能感:概念、理论和应用》,《中国人民大学学报》2006 年第 1 期。

行动者产生博弈与互动。① 此时的决策场域并非单一的物理性场所，它实质上是身份资本得以展开的关系性场域。② 具体而言，课程决策场域及其蕴含的制度规则，规定了教师在进行决策运作时的行为规范与角色结构。教师同其他行动者在课程决策场域中，则需服从其中特有的行为和表达，其关系架构规定了行动者的权力类型与责任划定。③ 对教师而言，课堂作为课程决策展开的重要场域，其存在的特定关系架构决定了教师在该场域中的决策特质。④ 也就是说，在课堂场域中教师课程决策的实现程度已经为课堂的关系架构所规定。具体而言，在现有的课堂场域中，教师相对于学生而言，既可以是学习动机的激发者、课程内容的组织者，也可以是课程的评价者。在社会学视域下，教师是教育知识的分配者、知识传递的控制者，也是学生个体社会化的促进者。⑤ 面对课程决策的不同场域，关系性的分类与架构影响着教师课程决策的开展。如作为知识的分配者，教师应依据自己所掌握的学科知识及对学生认知规律的把握，对国家、学校、家长等多重话语权力进行平衡，在反复不断的决策中积累课程决策的心理体验与行为惯习。⑥ 当然，教师课程决策的运作场域不只局限于课堂，还包含学校及其他场域，如教师参与校本课程的开发、学校课程计划的集体决策与审议、综合实践活动实施的场所等，这对于构建多层次的关系结构具有重要价值。⑦

三 反思：兼顾"调适"与"修正"

"反思性"是吉登斯行动理论的重要术语，意在说明人类对自身行为和所在情境的不断监测。具体而言，人类可以不断地对行为流程进行监控、调整与修正。通过反思，人类可以将自身的行动与社会中的情境因素

---

① 赵虹元：《论教师课程权力习性的养成》，《教育导刊》2010年第10期。
② 王晋：《教育仪式的社会学分析》，《教育理论与实践》2010年第10期。
③ 赵虹元：《论教师课程权力习性的养成》，《教育导刊》2010年第10期。
④ 王宪平：《课程改革视野下教师教学能力发展研究》，博士学位论文，华东师范大学，2006年。
⑤ 赵虹元：《论教师课程权力习性的养成》，《教育导刊》2010年第10期。
⑥ 张晓娟：《教师课程决策权力运行的状况研究》，硕士学位论文，吉林大学，2017年。
⑦ 胡卫、徐冬青：《校本管理：现代民办学校管理制度探索》，《教育发展研究》1999年第7期。

联系起来，以保证行动者自身行为的合理性，为下次行动的循环奠定基础。① 教师课程决策效能的评价，是指依据课程的既定目标和一定的评价标准，对教师课程决策的环节、结果等进行科学客观的反思与考量。评价内容应涵盖教师对于课程目标的设计与决策、课程资源的选择、课程内容的编写、课程实施中的教学决策等诸方面。影响教师课程决策有效运行的因素有很多，教师作为社会中的一员，受社会因素的影响也不尽相同。因此，我们应综合且辩证地看待教师课程决策运行的实际情况。在显性的组织结构层面，既要看到集体的组织架构与权力分配对教师课程决策实施效果的影响，还应关注教师的社会角色与社会地位在关系网络中的能动作用；在隐性的组织规则层面，既应看到组织文化中的集体思维影响着教师课程决策的运作效果，还应关注教师自身文化资本对课程决策的内在保障作用。

评价与反思教师课程决策运行效果，能够有效发现问题、总结经验，进而把握决策方案的有效性，② 为教师及教育行政部门进行决策提供必要的依据。一方面，有利于教师转变自己原来的决策运作方式。学校应将"教师行动"置于社会关系网络中加以理解，这对厘清教师"社会角色"与"行动"之间复杂的关系具有重要作用。教师依据评价结果，重新定义课程决策运作过程中的尺度，合理判断与利益相关者之间的权益关系，从而避免权力运作中的偏向性。另一方面，有利于教育行政部门审视教师在课程决策运行过程中存在的问题。教育行政部门依据评价与反思结果，联合学校组织、家长及社会力量，重新审视教师决策运行过程中的问题，反思是否存在决策的偏误或缺失等问题。学校通过多方相关利益主体的调节与有机互动，构建以平等、协商、互动为基础的关系性网络，进而推进教师课程决策的有效实现。由此可见，对教师决策进行及时的反馈与评定，有助于教师在下一轮的决策环节中更加科学地开展课程决策。

---

① ［英］安东尼·吉登斯：《社会的构成——结构化理论纲要》，李康、李猛译，生活·读书·新知三联书店1998年版，第65页。

② 李屏南、叶宏：《构建促进社会和谐的社会管理机制》，《湖南师范大学社会科学学报》2007年第2期。

第二章

教师课程决策的社会学基础

在社会学中,决策是一定社会背景下问题和环境交互作用的产物,需要在社会公共预期中做出的选择、甄别与判定。因此,有关决策的社会学研究需要从外部环境与组织行动两个层面进行。教师的课程决策是其在外部环境的助力下,同时依托一定的权力和能力,对课程各要素及条件做出组织行动的判断和选择的过程。同样,教师的课程决策的社会学研究也需要考虑从外部环境与组织行动两个层面展开。任何一项课程决策都要受到国家政策、学校制度、人际网络等外部力量的制约与规训。决策主体的能力以及对决策内容的抉择共同架构了教师作为课程决策者的动机与判断。一方面,由于决策的权力归属性,课程决策从源头上便被植入了制度控制、学校文化的基因。这些因素通过公共生活与关系网络等方面分别对教师施加影响,从而让教师课程决策达成公共利益最大化与群体共识。另一方面,课程决策需要考虑到决策主体所嵌入微观理性选择过程的复杂性与集体行动的必要性。因此,决策主体的行动类型以及身份特征在一定程度上也会影响课程决策环节的建构与决策的指向。

第一节 集体行动视域下的教师课程决策

集体行动是一种行动者在制度规约与利益驱动下,将某一种行动与集体中的其他行动者的行为相联系,并在集体中采取行动的范式。教师课程决策是与集体行动密切相关的。这主要是因为在课程决策过程中教师作为学校组织中的行动者,其决策行动离不开所在的集体,而集体也能够为教师的发展提供良好的行动环境。在集体行动的整个过程中,教师的行动理念与使命感、决策范式、决策收益的不确定性等，都会直接影响到课程决策的有效性。

一 集体行动理论的解读

集体行动现象在社会生活中普遍存在，政治学、经济学、管理学与社会学等诸多学科和领域都涉及了集体行动的研究。早期的集体行动研究主要集中在政治学、社会心理学领域，主要代表人物有本特利（Bently）、杜鲁门（Truman）、达尔（Dahl）等人。当时的集体行动研究着重关注集体中的行动者通过如何参与行动来实现集体目标；关注如何解决个体理性与集体理性之间的冲突，抑或个体利益与集体利益之间的矛盾。从广义上来看，集体行动理论是指对集体行动的逻辑、拓展以及运用的研究；从狭义上来看，集体行动理论主要是指对集体行动逻辑的研究。

19世纪，社会学家爱米尔·涂尔干（Emile Durkheim）提出，对集体情感可以使个体在集体或集团中产生认同感与凝聚力，从而进一步促进集体的团结。社会心理学家古斯塔夫·勒庞（Gustave Le Bon）从心理学视角对集体行动进行了研究，提出单独的个人是一个理性的、负责任的、有文化的个体人。但是，当这些个体人聚在一起时，随着人数的逐渐增多，个体之间的思维与行动方式会受到彼此的影响，其对集体的认同感也会不断增强，最终个体的心理会逐渐趋于一致并形成集体心理。

20世纪60年代，经济学领域关于集体行动的研究得到蓬勃发展。经济学家曼瑟尔·奥尔森（Mancur Olson）于1965年发表了《集体行动的逻辑》，提出了理性的"经济人"必然会在集体行动中"搭便车"的论断。他认为，由于利益的多元化趋向，行动者期望借助集体的空间来实现个体利益诉求，然而这会使得集体行动的空间窄化。[①] 该理论认为必须要对行动者进行激励性的条件赋予或采取强制措施，否则他会很难以理性的行动参与群体目标利益的活动。[②]

集体行动的理性选择理论经奥尔森发起后，由麦卡锡（McCarthy）和扎尔德（Zald）等人做了进一步拓展。他们认为集团规模影响着集体主义

---

① 冯巨章：《西方集体行动理论的演化与进展》，《财经问题研究》2006年第8期。
② 冯建华、周林刚：《西方集体行动理论的四种取向》，《国外社会科学》2008年第4期。

实践的践行。集团成员在不同规模的群体中秉持各异的行动范式并履行职能，其行为具有本质的区别。因而，集体规模是影响集体行动的关键因素之一。而在关于集体行动的讨论中也有必要区分大集体和小集体。关于集体行动困境的克服，该理论提出"有选择性的激励"和"公众身份提供"两种途径。"有选择性的激励"是指区别对待集体中的不同成员。对那些为集体利益的实现和增加做出贡献的人，集体不仅为其提供正常的收益，还为其追加额外的奖励，并且贡献越大奖励越多；相反，对那些没有为集体利益的实现做出贡献的成员，集体不仅不为其提供收益，甚至对其进行惩罚。该方式虽然能在一定程度上解决"搭便车"的问题，但是由于它的实施需要付出较大的成本，因而只适宜在一定范围内的小集体中展开。"公众身份提供"即在大集体中为不同的人赋予不同的公共身份（社会地位等）。在小集体中，个人利益对于个人的选择具有较大的影响。但是在大集体中，成员往往将个人身份看作高于个人利益的因素。因而，适当的公共身份赋予是克服集体行动困境的重要因素之一。但是，该方式本身也存在局限性，即公共身份能否克服自利行为——"搭便车"是有待商榷的。

集体行动的意识形态理论认为，奥尔森等人的理性选择理论具有一定的局限性，即集体中并不必然存在"搭便车"行为。因为集体中本身存在能够克服困境的因素，如集体中的利他主义等。由此，该理论认为价值观念以及社会道德和伦理法则会影响成员在集体中的行为，集体本身也会对成员的价值选择产生重要影响。因此，克服集体行动中"搭便车"行为的重要途径在于构建一个意识形态体系，以此维护集体行动的公正性和科学性，避免个体存在极端利己的取向。此外，集体行动的社会资本理论认为，集体中的利他主义等积极因素有利于克服集体行动中的"搭便车"行为。但是，该理论认为单纯依靠个体行动者的主观意识很难解决集体行动中的矛盾冲突，而是需要建构作为社会资本的规约指标和制度体系。[①]社会资本内生于社会成员的关系之中，这些交互的关系构成了社会网络，进而形成了社会资本。因而，社会资本对阐释集体行动中个体行动者的协作机制以及解读公共利益在集体行动中的实现机制具有重要作用。就其实

---

① 冯巨章：《西方集体行动理论的演化与进展》，《财经问题研究》2006年第8期。

现而言，社会关系网络具有联结性。这使得集体成员的决策思维趋同，能够避免功利主义至上或极端个人主义的决策结果的出现。但是，社会资本与集体行动并不总是呈正向的关系，有些交流反而会使集体行动更难进行。如奥斯特罗姆（Ostrom）指出，虽然合作等社会资本可约束人们的自利性倾向并推进集体行动困境的解决，但是情况也并不总是如此，即有些社会资本难以有效地发挥作用。总而言之，社会资本能否真正促成集体行动的开展，需要根据具体的条件而定。

在宏观层面，埃哈尔·费埃德伯格（Erhard Friedberg）从权力关系的角度提出，一切组织都是以权力关系为整体而形成的结构。他提出行动者从来都不是在无结构的领域中开展行动的，这种集体行动在实践中往往是与组织相配合的。基于此，集体行动是指在一定的组织或集体中，行动者为了实现共同愿景与集体利益，在制度规约与利益驱动下将某一种行动与集体中的其他行动者的行为相联系，在组织规则内所进行的活动或产生的行为。[①] 其基本观点如下：第一，集体行动是由诸多个体行动者的行为构成的。个体行动者的行为存在于一定的组织场域和规则系统中，每一个行动者都有组织、选择、决策以及创新实践的潜力，并能在集体行动中采取行动。第二，集体行动是具有不同偏好的行动者均可参与的，所以每一个行动者都需要遵守一定的制度规约与组织规则。在集体行动中，行动者需要充分考量集体的内在约束力与个体行为之间的统一性。第三，在集体行动中，行动者之间的交互关系始终存在不稳定性。这是因为行动者个体间具有异质性，即其在利益、信息、决策能力等方面存在显著差异，这就增加了集体行动过程中不确定性的风险。因此，行动者的行动是建立在自身利益之上的策略性行动。[②] 在此意义上，建立合作关系是集体行动的有效保障措施。[③]

在微观层面，科恩（Cohen）等人从文化的角度强调相关文本对集体

---

① ［法］埃哈尔·费埃德伯格：《权力与规则——组织行动的动力》，张月等译，上海人民出版社2008年版，第222—224页。
② 尹利民、穆冬梅：《权力与规则：集体行动的组织学分析框架》，《江西社会科学》2015年第10期。
③ ［法］埃哈尔·费埃德伯格：《权力与规则——组织行动的动力》，张月等译，上海人民出版社2008年版，第7—8页。

行动的结构性影响。① 他提出集体行动是一种策略性资源动员的过程。集体通过沟通在社会内部建构共识来促进集体认同的形成。这种共识对成员共同完成集体行动具有重要的作用。整体而言，文化因素在集体中发挥的效用主要体现在三个方面：其一，文化可作为一种文本内容，规定集体成员的行为方式；其二，文化可作为一个系统，系统中的各文本分别对成员的行为产生影响；其三，文化也可作为一种工具的集合，成员的行动受该"工具箱"的支撑。事实上，该理论并非强调文化对集体行动者行动的影响，而是认为某一类文本会成为影响行动者行为的结构性条件。

二　集体行动理论视域下教师课程决策的内涵

教师课程决策是发生在学校组织场域中的集体行动，它不是一种自然现象，而是一种社会建构。② 一方面，在学校组织场域中，学校从自身的教育哲学出发，为学校课程改革制定行动制度、行动规范、行动规则、行动取向等，并将其视为集体行动的链条，以此规范和约束教师课程决策行为，实现学校课程改革的愿景目标。因此，教师的课程决策行为不仅仅是教师个体理性选择的结果，也是学校中集体行动制度规约的表现。另一方面，教师作为一个被纳入集体行动中的个体，需要遵守一定的规则来开展课程决策行动。这将在很大程度上强化教师对课程决策的理解，增强教师课程决策的他者认同，提升集体行动中教师个体课程决策的合理性和正当性。基于此，集体行动视域下的教师课程决策主要有两种：一种是显在的，表现为教师群体针对相关课程问题所进行的集体讨论、集体审议与集体决定等外在行动；另一种是潜在的，表现为教师群体在决策过程中基于内隐的集体意向性与集体认同感所做出的集体意向行为。但无论是何种表现，教师课程决策要符合集体愿景和共同目标。在基于核心素养的学校课程改革的集体行动中，教师自身的信念与责任感、教师对集体行动的认同程度以及教师之间的信任与交换关系等，都会直接影响到学校课程改革的

---

① 冯建华、周林刚：《西方集体行动理论的四种取向》，《国外社会科学》2008年第4期。
② ［法］米歇尔·克罗齐埃、［法］埃哈尔·费埃德伯格：《行动者与系统》，张月等译，世纪出版集团、上海人民出版社2007年版，第1页。

效果。①

三 集体行动理论视域下教师课程决策的实施逻辑

集体行动理论的"集体理性""集体行动困境""经济人""搭便车"等要素，② 通过结合教师课程决策的内在逻辑，能够为集体行动视域下的教师课程决策提供基本的解释框架。基于此，本书尝试从"集体认同—利益诉求—制度规约"的逻辑出发，探寻集体行动视域下教师课程决策的基本框架。

（一）集体认同：教师课程决策的前提

集体认同是个体行动者从事集体行动的基础。集体形成共识性的行动，需要在集体内部取得行动者的一致认同。这是行动者之间建构相互依赖关系的基石，代表着集体行动的基本意向。行动者只有在集体认同的基础上产生集体意向，才能将个体资源、能动性等个体要素有机整合到集体行动中，并通过个体之间的相互配合，将自身行动作为一个整体指向集体目标。这就意味着，集体行动并非个体行动的简单累积，而在实质上是基于集体意向的"我们型"（we-mode）的行动。个体是按照他所认同的集体意向来做出选择并采取行动的。③ "任何一个行动者都没有解决复杂多样、不断变动的问题所需要的所有知识和信息；没有一个行动者有足够的能力有效地利用所需的工具"④ 为实现共同的目标，个体行动者需要加入群体或组织，依靠分工合作来更好地行动与决策。⑤ 因此，在课程决策过程中，教师个体的课程决策需要纳入集体行动的维度，将"个体的我"转变为"集体的我"。在学校课程情境中，教师在课程决策时应该具有内在的集体认同感与集体性意识。教师应意识到个体是在"我

---

① 李洪修、丁玉萍：《教师课程决策的问题表征、内在机理与实现路径》，《南京社会科学》2022年第3期。

② ［美］曼瑟尔·奥尔森：《集体行动的逻辑》，陈郁、郭宇峰、李崇新译，格致出版社、上海人民出版社2018年版，第4—7、3、48、7页。

③ Raimo Tuomela, "Collective and Joint Intention", *Mind & Society*, Vol. 1, No. 2, 2000, pp. 39 – 69.

④ Christopher Hood, "Paradoxes of Public-sector Managerialism", *Old Public Management and Public Service Bargains*, *International Pubic Management Journal*, Vol. 3, 2003, pp. 92 – 93.

⑤ 常思亮：《大学课程决策权论》，湖南大学出版社2010年版，第41页。

们"这个集体意义上开展行动的，意识到自身的决策行动与其他教师的行动是相互联结的。学校课程改革强调教师必须具有集体意向，即将课程决策视为整体性行动，从而增强行动主体的身份认同。在此过程中，集体行动也对教师个体行为进行塑造和规训，使之处于规范、有序的状态之中。

(二) 利益诉求：教师课程决策的动力

利益是支配个体理性活动的根本原则，个体的一切行为选择都不能脱离利益的引导。集体行动是在一个既定的行动领域中，将相互依赖的行动者联系在一起的诸种互动过程。[①] 它由个体行动组成，然而又受制于行动者在追求个体利益时的局限性。因此，效益成为行动者加入集体行动的方向性指导，个人利益的追求是集体行动的内在逻辑。作为个体的人是具有利己性的，因此，个人利益与集体利益之间不可避免地存在冲突。基于此，行动者的行为是个体考量自身利益诉求考量后的结果。而行动者个体的利益诉求又受制于一定的组织关系。在集体行动中，行动者在面临个人利益与集体利益的矛盾时，集体行动的障碍便会出现。为保障集体行动顺利开展，个体理性与集体理性的冲突亟待化解。在学校组织场域中，利益诉求也是教师行使课程决策的动力。受利益最大化的驱使，作为"经济人"的教师的课程决策行为是一种经过考量参与成本或收益的行动。对于教师而言，课程决策既有可能带来参与成本的增加，也有可能带来决策收益的减弱，这就使得教师之间可能出现"搭便车"的行为。在此情形下，教师之间容易产生利益矛盾与冲突，他们追求自身利益的行为将会在很大程度上导致课程决策集体行动结果的无效。因此，集体行动视域下的教师课程决策需要化解教师之间的利益冲突，满足作为行动者的教师的利益诉求，以保障课程决策的实现。

(三) 制度规约：教师课程决策的保障

集体行动离不开制度的规约。集体既是一种蕴含行动者的联合行动，又是在行动者之间建构的关系系统；既是限制行动者肆意妄为的规制力

---

① [法]埃哈尔·费埃德伯格：《权力与规则——组织行动的动力》，张月等译，上海人民出版社2008年版，第222—224、3、151、7—8页。

量,又是行动者协同的产物。① 换言之,集体行动依赖于行动者之间的相互联结,他们的联合行动需要既定的制度或规则以约束其行为选择。集体行动作为一个复杂的行动领域,它包含异质性行动者、关系等诸多迥然不同的因素。这些因素在相互作用的过程中出现的非理性与不确定性,容易导致"集体不行动"困境的出现。强制性秩序规范的存在,很大程度上构造了集体行动的诸种规则或规约,能有效降低不稳定性因素给集体行动带来的不确定性风险。② 故而,走出集体行动的困境,需要建立起科学合理的制度规范。在教师的课程决策行动中,决策情境的复杂性决定了教师需要针对不同的情境做出不同程度、不同方面的决策。教师之间在能力、资源、利益等方面存在着显著差异,由此形成了不同的决策目标、决策动机、决策偏好,使他们在行动中表现出不同的决策行为。同时,教师在课程决策过程中遵循一定的制度规约及内部逻辑,以规范自身决策行为的选择,从而建构教师彼此间的协同与依赖关系,保障教师个体在既定的集体行动中有效推动学校课程变革。

第二节 社会网络视域下的教师课程决策

社会网络是一个"作为节点的社会能动者及其间关系的集合"。其中,每一个点代表着不同的社会能动者,他们具有不同的主观能动性。点与点之间的联系反映着社会网络中的群体关系,如强弱关系、上下级关系等。从社会网络视角研究问题需要关注三个基本要素:网络结构中的关系、个人成员构成的网络以及关系情境下的关系。这些因素决定了个体社会资源的数量与质量,能够解释社会网络中个体的行为方式。人的行为会受到社会网络结构的制约,人与人之间的行为也会因其所处的社会关系网络不同而存在差异。对于教师课程决策而言,教师所处的网络结构、在网络中的位置以及网络位置之间的相互作用,均会影响教师课程决策的效

---

① [法]埃哈尔·费埃德伯格:《权力与规则——组织行动的动力》,张月等译,上海人民出版社2008年版,第151页。
② 金太军、鹿斌:《制度建构:走出集体行动困境的反思》,《南京师范大学学报》(社会科学版) 2016年第2期。

能。教师课程决策的信息供给依赖社会网络结构，其中，教师的网络位置制约教师课程决策的信息分配，网络位置间的相互作用影响教师课程决策的信息流通。

一 社会网络的解读

社会网络作为一个专门领域，其发展和应用已有七八十年的历史。20世纪70年代以后，社会网络逐渐发展成熟；90年代以来，社会网络进入快速发展时期。社会网络分析将社会生活看作通过关系以及由这些关系形成的模式。因此，社会网络通常被理解为由一种或多种关系连接而成的点集或网络集。从社会网络分析视角看，全面认识社会关系不仅需要了解网络的特征，如网络成员之间相互联系的密度；还要了解网络中的情境，即在情境中分析关系本身。

（一）社会网络思想的来源与发展

社会网络的思想源自古典学派的哲学家对社会体系的解析。涂尔干对社会结构与层次进行了重要论述。"从机械团体转变到有机团体预示着社会分工的多元化以及劳动取向的分野。因此，他认为人的社会联结境遇跟社会层次结构密切相关，是随社会结构变化而变化的。"[①] 拉德克利夫·布朗（Radcliff Brown）认同并发扬了涂尔干的观点，他认为社会结构是在不同群体之间或人与人的关系之间表现出来的。德国古典社会学家格奥尔格·齐美尔（Georg Simmel）把社会结构看作关系网络并进行分析，他认为社会结构最基本的组织形式是不同群体与个体之间的交互结构。齐美尔将人的交互行为所构成的关系线索视为一种网络，行动者的实践受网络关系的束缚并不断变化。以齐美尔为开端，越来越多的学者开始关注社会网络的作用机制及其行动者参与社会实践的影响。直到1960年左右，社会网络理论初见形态。

把人的交往关系比喻为网络或网，这就意味着不同的网络差异化地影响着人们的行动。自此之后，社会学领域的研究者逐渐开始关注社会网络的作用方式。20世纪30—60年代，社会网络理论初现雏形。美国社会学

---

① 赖吉平：《基于社会网络分析方法的中国计算机领域科研论文合作规律探析》，硕士学位论文，江西师范大学，2012年。

家乔治·霍曼斯（Georgw C. Homans）对小群体的结构和功能进行了研究，侧重分析了群体结构及个体在群体中的位置关系。在此基础上，"曼彻斯特学派"的研究更新了人们对社会网络的认知。他们以"网络关系"作为社会结构的定义，将网络分析作为具体的技术方法并应用到对抽象社会概念的解读中。例如，奥地利心理学家林恩·纳德尔（Lynn Nadel）主张，人类学是对社会整体结构特征的研究，提出社会结构是关系的"一种总体系统、网络或模式"。"曼彻斯特学派"则将个体的人际关系网络作为一种研究志趣，通过对不同个体之间复杂关系的剖析，对个体进行了情境性的观测，阐释了个体中心的关系线索。然而，这一研究忽视了对社会层次结构的剖析。70年代以后，社会网络分析逐渐成为一种独特的研究方法并获得人们的关注，其代表是"新哈佛学派"。这一学派秉持网络结构的观点，将社会结构视为关系的集合体，以此搭建了多元的社会层次模型。马克·格拉诺维特（Mark Granovetter）对关系进行了细致的分析。他认为个体与群体之间具有强弱关系的区别，强弱关系决定着其在社会建构中的作用与效能。强关系是指对组织内群体和人员的行为做出秩序性建构，而弱关系则更多作用于成员在群体内的非正式联结。强关系和弱关系在组织内部以及组织之间的相互作用使得社会系统的建构成为可能。

90年代以来，社会网络理论得到进一步发展，其结构分析观也得到了拓展。埃哈尔·费埃德伯格于1993年出版了《权力与规则——组织行动的动力》一书。他将组织视为一种行动领域，提出对组织的理解与分析应该聚焦于行动关系网络的建构、行动过程如何展开等方面。他认为组织现象在本质上是行动者之间的权力关系，组织运行的过程实质上是行动者在社会关系网络中以一定的规则争夺权力的过程。[①] 90年代以来，社会网络理论得到广泛应用，其研究范畴突破了家庭和小群体对象的束缚，将社会网络分析拓展到社会实践的诸多维度。

（二）社会网络的基本要点

社会网络分析是一套对社会关系结构及其属性加以分析的规范和方法，它主要关注不同社会单位（个体、群体或社会）所构成的关系结构

[①] ［法］埃哈尔·费埃德伯格：《权力与规则——组织行动的动力》，张月等译，上海人民出版社2008年版，第4—5页。

与属性。①

社会网络分析聚焦于社会群体在实践行动中的层级关系结构，也关注行动者之间通过合作达成共识的互动效应。它适合用来分析行动者在履行社会职责时与社会实践的多元主体嵌构而成的关系层级。人们建构组织是为了通过联合的方式，建立起人们之间的合作关系，并利用关系网络力量解决共同面对的问题。处于同一社会网络中的主体，其利益也是共同存在的。只有有了共同的利益目标，人们才能聚集在一起，即为了共同利益而采取行动。

第一，社会网络分析关注网络结构中的关系。相关学者认为因果关系并不是源于个体内部，而是处于社会结构之中。也就是说，个体在社会网络中的行为会受到网络位置的约束、机会和感知的影响。而社会网络分析通过研究嵌入社会网络的行为，可以解释宏观层面的行为模式。但并不是将它解释为举止相似的大规模人群，而是要解释为在这样的人群中，人的行动以产生特殊结果的方式相互形塑。② 在关系网络中，行动者之间由于惯习的差异形成了不同的行为模式和关系结构，这种结构的互动关系影响着行动者在社会资源分配中的意义节点和形成资本的能力。"强关系"一般是以强制规约的手段维系社会群体内部的纽带，而"弱关系"则是一种非正式、开放型的意义联结。

第二，社会网络分析关注社会成员之间构成的网络。在社会结构中，不同层次群体中的成员、多个群体中的成员以及两个群体之间不是互斥的，而是横向联系的。网络分析方法可以明确多重群体成员间的模式或与多元群体的关系。具体而言，网络分析对"群体"的解析可从以下三个方面进行阐释。其一，网络分析将个体视为不同程度地嵌入群体之中的人，以此分析网络为个体创造的机会、造成的影响。其二，网络分析考察群体结构的变化、确定哪个群体更团结、哪个群体有明显的分界、哪个群体有可渗透性。其三，网络分析在探究凝聚力和边界强度的问题时，可以

---

① 林聚任：《社会网络分析：理论、方法与应用》，北京师范大学出版社2009年版，第41页。

② [美]约翰·斯科特、[美]彼得·J.卡林顿主编：《社会网络分析手册（上卷）》，刘军、刘辉等译，重庆大学出版社2018年版，第17页。

使网络研究者超越对简单化群体的研究,转向对那些不容易辨识但却能将社会关系组织架构起来的人群,如探讨教师课程决策中新老教师之间的联结问题。同时,多重群体成员是社会结构的基础,不同群体之间存在横向联系,因此多个群体中的成员之间存在互动。如果将群体成员视为拥有边界壁垒或互斥关系的人,那么关于个体联结的社会过程研究就会被忽视。

第三,社会网络分析关注关系情境下的关系。社会网络分析研究的是各点之间的关系模式,而不仅仅是关系。也就是说,虽然考察的关系存在于点对点之间,但是为了理解两点之间关系的效果与意义,就需要考虑网格中关系的普遍模式。个体关系可以为个人提供社会支持和陪伴,但是一个人向他人提供支持的总量却受到网络成员之间彼此熟知程度的影响,同时个体在社会资本中掌握的能动性社会资源又存在一定差异。因此,如果假设每个成员都独立行动,那么由网络中宏观模式所创造的网络关系就会被掩盖。

二 社会网络视域下教师课程决策的内涵

社会网络分析"通过具体的关系网络研究人的行为",它将人视为一个点,点与点之间的联系形成了一定的社会网络结构。点与网络节点共同构成了关系联结的基本单元,社会网络便研究这种关系模式,从而解释网络之中人的行动之间相互作用的理论。基于此,教师课程决策也是一种包含行动者、权力关系、集体行动等要素的社会网络。教师课程决策可被看作一种嵌入社会网络的行为,它具有持久的、可转换的、有结构的行为倾向系统,这种行为构成于实践活动并总是趋向相似性结果。教师课程决策作为一种具有多重能力综合的系统,来源于教师在关系网络中的实践,其左右着教师的教育教学行为,指导教师的教学活动。因此,教师课程决策根植于现实的社会关系网络(包括师生关系网络和教师群体关系网络),并体现在其中。在此意义上,教师课程决策的过程即是教师主体与学校社会关系网络相互作用的过程。社会关系网络的多元性和复杂性使其成为教师个体感悟、接触、思考课程活动的主场域。从某种意义上说,课程决策为教师在学校社会关系网络中保障自身的组织权力提供了实践性理论。这也是课程实践哲学构成的现实来源,既支配着教师的教学实践,又成为教师在学校关系网络中交互的动力。由于不同教师在学校的社会网络中所处的地位、拥有的权力、占有的资源等不同，因而其追求的利益、目标等也存在较大差异。这会使教师之间在共同参与学校事务决策的过程中产生分歧与冲突，而这种分歧与冲突可能导致学校组织的无序化。因此，教师的课程决策是教师在学校社会关系网络中维护自身利益、开展组织职能的一种关系互动。

从社会网络分析的视角看来，教师课程决策依赖于信息传播。教师课程决策主要以"育人""教学活动""学习活动"为主，其内在主要体现为人与人之间所建构的社会结构系统。这就需要教师摒弃传统的、孤立决策的行为模式，通过沟通和合作建立意义共识，实现共同的目标愿景。这也意味着教师课程决策需要借助网络中信息的流通以获得结构组织的支持。此外，在社会网络分析中，教师课程决策在本质上是一个信息传播的过程。一方面，信息分布于教师课程决策的方方面面。信息代表着决策的资本，教师课程决策依赖于这种信息。课程各要素（课程目标、内容、实施等）均以信息的形式为教师所掌握。教师往往会依据其拥有的信息对课程问题做出相应的判断与选择。信息决定了教师在面对课程问题时采用的分析方法和判断依据。另一方面，课程决策在社会网络中具有工具属性，可用于传播信息和促进信息的多方向流动。教师通过个体交互行为形成社会网络，并借助网络结构获取信息。[1] 也就是说，作为课程决策的行动者，教师个体具有自身的偏好、目标、资源、利益诉求等，但是在行动过程中也需要对其他社会网络成员的诸种行动做出相应的回应。

三 社会网络视域下教师课程决策的实施逻辑

对教师课程决策而言，教师所处的网络结构、在网络中的位置以及网络位置之间的相互作用，不仅制约着教师课程决策行为，而且影响着教师课程决策的效果。

（一）教师课程决策的信息供给倚靠社会网络结构

有网络的人得到的信息和没网络的人得到的信息之间存在很大差异。

---

[1] 刘淑华、潘丽婷、魏以宁：《地方政府危机治理政策传播与信息交互行为研究——基于大数据分析的视角》，《公共行政评论》2017年第1期。

因此，教师所处的社会网络结构不同，在课程决策时信息供给也会不同。网络中个体之间关系的差异化，也会导致社会网络结构的不同。依据社会网络结构中节点之间的强弱联结关系，可以将社会网络结构划分为异质性网络结构和同质性网络结构。这种划分对教师课程决策产生了一定的影响。

首先，异质性网络结构能够为教师课程决策带来多样化的信息。异质性的网络结构中存在大量的、非重复的弱关系，非重复的关系保证了多样的信息内容，意味着每个关系人都是独立的信息所有者。① 例如，不同学科教师组成的教研组便构成了一个异质性的网络结构。对教师课程决策而言，社会网络结构的异质性主要表现为丰富的信息内容与充足的信息获取渠道。其中，在信息内容方面，教师之间在专业知识、专业能力与专业素养等方面存在差异，即便是相同学科的教师，其在课程内容、课程实施、课程评价等方面所做出的分析、判断与选择也具有明显的差别。因此，教师之间课程决策的差异在社会网络中会成为丰富的信息内容，可以为教师课程决策带来宝贵的信息资源，并服务于教师课程决策。此外，在信息获取渠道方面，充足有效的获取途径能够为教师提供恰当的课程决策信息。正式渠道与非正式渠道、有声沟通与无声沟通、平行沟通与上下级沟通等途径，② 极大地扩大了教师获取信息的范围，丰富了信息的数量，提高了信息内容对于教师课程决策的影响力。

其次，同质性网络结构能够为教师课程决策提供可靠的信息。在教师课程决策的过程中，这一特点可以提高教师课程决策的执行力。彼得·布劳（Peter Blau）提出了"同质性"概念，认为互动更容易出现在拥有相同特征的个体之间。同质性网络结构中的关系都是强关系，"关系越强，越可能共享和交换资源"③。受强关系的影响，同质性网络结构的网络密度较高，点与点之间的连接更加紧密。正如马克·格拉若维特（Mark

---

① ［美］罗纳德·伯特：《结构洞：竞争的社会结构》，任敏、李璐、林虹译，格致出版社、上海人民出版社2000年版，第24页。
② 李洪修、熊梅：《组织社会学视域中的学校课程实施》，《社会科学战线》2011年第7期。
③ ［美］林南：《社会资本：关于社会结构与行动的理论》，张磊译，上海人民出版社2005年版，第64页。

Granovetter）所认为的，"嵌入在社会圈子中的个体，往往与圈子里的其他成员有同质性的特征，这些相似之处也扩展到信息方面"①。例如，教师在集体教研中获得的信息是教师之间熟知的、公开的公共知识，这些知识在教学实践中被不断地提炼与升华，成为教师个体对于教学的实践性理解。同时，教师对他人课程决策行为合理性与合法性的认可，会提升教师的教学活动质量和对教学的实践性认知。

（二）教师的网络位置制约教师课程决策的信息分配

网络中的位置因人而异。不同的网络位置为教师群体提供了不同的信息，对他们的思维判断产生了不同的影响。对教师课程决策而言，教师网络位置的不同会造成课程政策信息分配的差异。不同网络位置的教师在课程政策信息占有上存在多与少的差异，在课程政策信息的理解上也表现出真实可靠与偏离原意的悬殊。

首先，教师处在网络中的低位置。在学校组织中，普通教师处于权力底层，② 具有较低的身份与地位。课程政策在自上而下的传达过程中普遍存在"信息粗传递"的现象。③ 信息经由学校管理者向教师传达，在这一过程中，课程决策信息的"逐级流失"是一种必然现象。④ 一方面，当教师处于课程政策信息接收的终端，并充当信息接收者的角色时，传达给教师的课程政策信息是经过层层"加工"与"修饰"的，因而教师课程决策往往面临失真、失当、失误的问题，偏离政策制定者的原意。另一方面，当教师作为信息传播者，在课堂中落实课程政策时，由于教师对课程政策的解读能力有限，教师课程决策容易存在课程政策信息的解读遗漏、理解偏差以及选择性执行的现象。社会网络理论对此做出解释，认为教师受到网络低位置的约束，往往不能具备良好的结构性视野，同学校管理者等处于网络高位置人员的交流探讨的机会不足，自身进行独立思考的时间

---

① ［美］林南：《社会资本：关于社会结构与行动的理论》，张磊译，上海人民出版社2005年版，第65页。

② 李洪修、熊梅：《组织社会学视域中的学校课程实施》，《社会科学战线》2011年第7期。

③ 昝廷全、昝小娜：《信息粗传递及其传播学意义》，《现代传播（中国传媒大学学报）》2017年第4期。

④ 樊亚峤：《信息不对称与课程政策执行》，《教育发展研究》2009年第12期。

也十分有限。这种低位置造成教师在课程身份上"只是课程知识的'教'者,而不是课程理论的'思'者"①,导致教师沦为课程政策执行的附庸,无法真正领悟、运作与体验课程政策的价值,即教师仅仅做到将课程政策的理念简单移植至课堂教学中,而无法做出理想的决策。

其次,教师处在网络中的高位置。相较于普通教师,学校管理者、年级主任等通常居于社会网络中的高位置。一方面,这种高位置可以为教师提供获取并控制真实的课程信息的机会。例如,年级组长在学校和普通教师中处于中介地位,在上传下达的过程中形成了自身独特的网络位置。这个位置能够获取有效的实践信息,并在普通教师和学校之间发挥"润滑剂"的功效,从而为教师课程决策的创新性与科学性提供充足可靠的信息资源保障。当教师能够获取的有效课程信息越多时,教师课程决策的效果越理想。此外,在社会网络中,年级组长所处的网络位置成为信息交汇点,"处于这种位置的个人可以通过控制或曲解信息而影响群体"②。因此,处于核心位置的教师能够依据地缘和资源优势,左右其他教师、学生等群体的认知。另一方面,高位置也能维持教师在社会网络中的优势地位。"跨资源维度的等级制位置之间存在一致性。"③当教师在信息资源维度上占据相对高的位置时,其在另外的资源维度上往往也成为高位置的占据者。如年级主任在学校中的身份和待遇较高,他们享有的位置优势也为其带来诸如职位晋升、身份升级、权力提高等有利结果。而且,这种高位置有助于持续优化教师的结构性视野,帮助其获取更多资源,建立更加丰富的社会网络,促成教师课程决策的良性循环。

(三) 网络位置之间的相互作用影响教师课程决策的信息流通

课程信息是在教师所处的社会网络结构中流通的,如教师之间的信息交换活动。同时,课程信息在社会网络中的流通不是匀质的。受此影响,教师所处的网络位置同其他课程主体所处的网络位置之间的连接存在粗细

---

① 代建军:《课程运作中的教师权利》,《教育理论与实践》2001年第6期。

② Freeman Linton C., "Centrality in social networks conceptual clarification", *Social networks: critical concepts in sociology*, Vol. 1, No. 3, 1978, pp. 215–239.

③ [美] 林南:《社会资本:关于社会结构与行动的理论》,张磊译,上海人民出版社2005年版,第56页。

之分。无论是教师个体的课程决策，还是教师集体的课程决策，教师都应成为其间的关键人物，并在社会网络结构中具备较高的中心度。然而，在社会网络视域下，教师课程决策的中心度没有得到凸显，具体表现为网络位置之间的欠连接与泛连接。

首先，网络位置之间的欠连接置教师于"信息孤岛"。网络位置之间的欠连接体现于社会网络割裂的位置关系。在此前提下，教师课程决策的欠连接主要是指教师之间缺乏课程层面的深度交流，从而导致教师课程决策局限于教师个体层面。虽然教师之间存在日常交流，但这种交流的内容局限于非课程层面。例如，教师出于"暴露问题"的逃避心理，刻意绕开有关"课堂教学问题"的话题，隐瞒自己对别人课堂的好奇心。在社会网络视域下，由于课程信息在教师之间的流通频率低，教师在社会网络中所处的位置之间的连接被割裂开来。这使得教师个体置身"信息孤岛"之中，游离于社会网络之外，失去了从彼此身上获取课程信息的机会。这容易窄化教师课程决策的影响范围，弱化其课程决策的意识与能力，进而影响教师课程决策的效果。

其次，网络位置之间的泛连接影响教师课程决策权的独立性。泛连接是指网络位置之间只建立了广泛的、浅层的联系。对于教师课程决策而言，主要体现在教师与学校内部的其他课程决策者之间的联系。在实践中，这种联系只在数量上存在优势，而在质量上缺乏保障。具体体现在以下两个方面。第一，教师缺乏独立思考的意识，不具备自主决策的能力。社会网络理论认为，如果行动者过于依赖他人，那么他只具有较低的中心度。[①] 如果教师对集体课程决策的成果"拿来即用"，并未依据学生的发展水平与实际需求做出适切性调整，那么他的课程决策行为并不是由自身发起的，而是被动接受的结果。这容易导致教师的课程决策出现"排异反应"，不利于学生的个性化成长。同时，这种行为会加剧教师个体对其他教师的依赖，削弱教师课程决策的主观能动性，使其沦为集体课程决策结果的被动执行者。而且，一旦课堂的实际情况超出教师预设，教师课程决策出现失误的概率也会提高。研究表明，教师在课堂中平均每两分钟就

---

① 刘军：《整体网分析：UCINET 软件实用指南》，格致出版社、上海人民出版社 2014 年版，第 152 页。

会做出一次交互性决策。① 灵活的课堂教学环境对教师的课程决策能力提出了更高的要求。因而，教师如果长期缺少自主性决策训练，将难以应对复杂多变的课程决策情境。第二，教师尚未形成个性化的信念，课程决策缺乏侧重点。信息不会在竞争场上匀质传播，网络位置之间的连接也是非匀质的。② 这就表现为，课程信息在教师与学生之间的传播轨迹存在宽窄之分。例如，对理解能力较强的学生，教师通常会增加课程内容的难度，因此，学生与教师之间问题探讨的深度也会加大；而对理解能力较弱的学生，教师则会在课程内容的难度与深度方面有所保留。此外，如果教师在课程决策时试图兼顾所有要素，那么，这种课程决策的行为就相当于毫无重心，教师在课堂中的决策话语权也会受到弱化。例如，教师在课程内容的决策方面缺乏重点，在课程评价方面缺乏合理的标准等。这会使教师处于盲目的工作状态，造成教师课程决策的无序、混乱，最终影响课程决策的效果。

第三节　公共生活视域下的教师课程决策

公共性是相对于个体性而言的。现实的人是个体性存在，同时又存在于公共环境中。因此，个体是一种被社会公共性规训的存在物。人类社会是共同体的存在，人们的生活是一种公共的方式。学校作为社会公共生活的微观载体，蕴含了教育的公共属性。在学校公共生活中的教师课程决策领域，教师作为决策主体是一种集体或共同体的存在。课程决策的公共性决定了教师之间需要形成协同的公共关系，并体现出共同意识和集体意向。基于此，教师课程决策作为一种公共性的行动，蕴含了双重价值意义。一方面，就价值取向和公共性意义而言，教师课程决策有助于公共旨趣与公共理性的彰显。另一方面，就公共性建构而言，教师作为课程决策的"公共人"，有助于构筑教师课程决策的共同体。

---

① Shavelson Richard J., "What is the basic teaching skills?", *Journal of Teacher Education*, Vol. 24, No. 2, 1973, pp. 144-151.

② ［美］罗纳德·伯特:《结构洞：竞争的社会结构》，任敏、李璐、林虹译，格致出版社、上海人民出版社2008年版，第24页。

一 公共生活的解读

公共生活的相关理论可以追溯至古希腊时期。在这一时期,"公共性"范畴开始建立。亚里士多德(Aristotle)关于"公共"概念的运用主要表现为三层意义:一是公共生活不同于私人生活;二是公共生活是共享的公开生活;三是在公共生活领域的各方力量是平等共在的。

社会的发展使人们的生存必须建立在相互依赖的关系上。人们为了维持生命所必需的活动而聚集在一起,由此开展的活动具有公共意义,而组织活动的这个领域就是公共领域。"社会就是这样一种模式,在这里面,人们为了生命而非别的什么而相互依赖的事实,获得了公共的重要性。"① 让·卢梭(Jean J. Rousseau)在其著名的《社会契约论》中提出"公意说"。其中,公意代表的是人民共同体的意志,它以公共利益为依归。此外,卢梭区分了"众意"与"公意"两个概念的不同,认为众意着眼于私人的利益,只是个别意志的总和;公意则着眼于共同的利益。② 伊曼努尔·康德(Immanuel Kant)则论证了公共性的意义:其一,他赋予公共性启蒙的意义,指出个体学者的公共表达对于政治启蒙的实现具有重要作用;其二,在公共问题上,明确不同阶层、领域的人可以达成共识;其三,提出公共理性问题;其四,指出"共通感"这一主体先决条件对公共共识的作用。③

汉娜·阿伦特(Hannah Arendt)对公共性的系统化阐述产生了深远影响。她在《人的境况》中首次提出了"公共领域"的概念,认为公共领域是一个"公开的共同生活的世界"。④ 她将人类活动划分为劳动、工作和行动,这三者分别指向私人领域、社会领域和公共领域。阿伦特认为,劳动能够维持人的生存需要,不会对他人产生意义和结果。⑤ 因而,

---

① [美]汉娜·阿伦特:《人的境况》(第二版),王寅丽译,格致出版社、上海三联书店、上海人民出版社 2009 年版,第 30 页。

② [法]卢梭:《社会契约论》,何兆武译,商务印书馆 2011 年版,第 31 页。

③ [美]詹姆斯·施密特:《启蒙运动与现代性——18 世纪与 20 世纪的对话》,徐向前、卢华萍译,上海人民出版社 2005 年版,第 266 页。

④ [美]汉娜·阿伦特:《人的境况》(第二版),王寅丽译,格致出版社、上海三联书店、上海人民出版社 2009 年版,第 32—34 页。

⑤ 汪晖、陈燕谷:《文化与公共性》,生活·读书·新知三联书店 2005 年版,第 80 页。

劳动是纯粹的私人领域。工作指向的社会领域处于私人领域与公共领域之间，主要涉及生产和交换的经济领域。由行动构成的公共领域，是公民的政治生活领域。也就是说，公民的行动指向政治活动，这是公共人最重要的特征。因此，阿伦特将公共人定义为政治生活领域的自由行动者。

尤尔根·哈贝马斯（Jurgen Habermas）将公共领域作为一个历史范畴，分析了公共领域的演变过程，详细阐释了从文学公共领域到政治公共领域的发展历史。哈贝马斯指出，所谓"公共领域"是向所有公民开放的领域，这个领域能够形成公民的公共意见。也就是说，公共领域是人们共同拥有的，是公民生存的公共空间。公民在这个公共空间中，可以展开各种对话活动，使得私人领域过渡到公共领域。此外，哈贝马斯认为，公共领域也是以大众传媒为主要运作工具的批判空间，旨在形成公共舆论，彰显公共理性精神。① 哈贝马斯发展了康德赋予主体理性意义的思想，提出了交往理性，而公共性则蕴含在主体的交往理性之中。因此，作为公共领域中的公共人，他们要关注社会的普遍利益问题。为解决问题，他们开展了一系列公共行动，如自由的集合与组合、商谈公共事务、公开发表意见、进行平等交往等。

约翰·杜威（John Deway）在《公共及其问题》中对"公共"的意义进行了阐释。他发现，随着个人对自我利益的关注以及个体在社会关系中的发展，人的社会性逐渐增强，但是相应地缺失了应用的公共性。同时，一个完整的公共生活，不仅应体现人们以不同方式联结起来的各种社会关系，而且还要有统一的组织原则以维系各种复杂的组织关系。② 因此，公共生活与公共原则是有机统一的。公共生活由一系列公共价值规范构成，身在其中的每个公民都应当遵守。如果人们不能组织起来参与到维护公共利益和公共规则的共同体当中，便会导致公共性丧失。

理查德·桑内特（Richard Sennett）在考察社会空间变化的基础上提出了公共生活理论。他认为公共生活是一个公开的社会交往场域，具有透明性和可进入性。它与私人生活不同，它既是一种制度化的生活，也是文

---

① 袁祖社：《公共性的价值信念及其文化理想》，《中国人民大学学报》2007年第1期。
② Dewey John, ed., *The Public and Its Problems: An essay in Political inquiry*, New York: Swallow Press, 1954, p. 38.

明的生活。此外,他立足于公共性的日常生活,阐述了公共生活是在公共领域中,异质性主体之间无私人差别的、平等的社会交往生活。① 公共生活的形成不是无意识的萌发,而需要主观意识层面的积极塑造。因此,公共生活是人们在共同的组织生活区域中,由自身利益的公共性而形成的彼此作用的共同生存空间。现代人在公共生活中的交往行为,要遵循人与人之间的公共伦理,追求交往行为的公共性。

在马克思主义哲学的思想语境中,人是一种整体性存在,因而要关注人的主观能动性,强调克服异化的弊端而回归自我。马克思追求的是以"类"的形式发展人的公共性。人的生活境遇不是停留在意识层面的输出情境,而是融合直接经验与感性体验的现实环境。所以,公共人是在物质生产与精神生活的统一中生成与发展的。马克思对"公共人"的理想生成,首先体现在对公共生活的美好向往上,应当从个人生活和公共生活的角度把握现实的人的生活。② 个体作为完整的、社会性的人,需要在公共生活中不断确证自己,通过对公共生活的追求与实践,站在他者的立场实现人类的公共利益。对公共性建构来说,实践是对现实世界的辩证否定过程,是人类与自然界之间、人与人之间的对象化活动,主体之间正是在这种活动中进行公共交往。因此,马克思的公共生活思想是理论与实践、理想与现实相统一的思想体系。它强调通过对个体私人利益的超越,呈现人类解放的公共性图景。

综上所述,公共生活理论涵盖了三个维度的观念。第一,公共领域为人们的公共存在提供了空间形态。作为一种空间生存系统,公共领域构成了公共生活的生存范式。③ 它是一个开放的、共存的公共空间,包含社会组织、公共舆论等要素。公民在其中可以自由地表达意见,并形成共识。第二,公共交往是公共生活的运行机制,是公民之间交流与相处的行为方式。它表现为公民借助话语对公共性问题展开理性的协商、对话。同时不同主体之间通过自由与平等的交往、协商而形成一种价值共识,旨在维

---

① [美]理查德·桑内特:《公共人的衰落》,李继宏译,上海译文出版社 2014 年版,第 21—22 页。
② 贾英健:《公共性视域——马克思哲学的当代阐释》,人民出版社 2009 年版,第 198 页。
③ 冯建军:《公民品格与公共生活》,《道德与文明》2020 年第 4 期。

系、巩固人们之间的公共关系。第三,"公共人"是公共生活的主体。公共人是具有公共德行品质及公共参与能力的人,也是基于公共理性与公共立场,寻求公共利益的人。① 公共人的意识表现在个体的主体性和社会整体的公共性中。作为公共生活的主体,公民参与并建构了公共生活。因此,公民应当超越私人利益,参与公共生活中的公共事务或公共决策,展开公共交往和公共行动。

二 学校公共生活中教师课程决策的内涵

学校具有公共生活的一般特征。它是借助学校人员的相互影响、彼此交互形成的具有公共理性的职业生存范式,指向学习者个体性与社会性的共同发展。② 同时,学校公共生活也是一种准公共生活。就教师而言,作为学校的公共人,他们是具有强烈的公共理性意识、公共道德精神的人。他们积极参与学校公共事务,通过与他者进行公共交往、公共协商与公共行动,构筑起教师之间协同的、共享的共在关系,以建构起良好的学校公共生活。

课程决策是决策者在课程开发和实施的过程中,对有关课程的问题做出判断和选择的过程。因此,教师课程决策是指教师对形成课程的相关要素与条件(课程目标、课程内容、课程资源、课程实施等)做出决定的行动范式。事实上,课程决策中的行动蕴含着教师自身的个体性因素,其决策是一种"个体性"行动。同时,在学校公共领域中,教师课程决策具有公共属性。它是一种教师依据课程与社会的发展、课程与人的发展关系而对课程相关问题进行判断与选择的"公共性"行动。在此意义上,教师课程决策兼具"个体性"与"公共性"两种属性,既是一种"个体性"行动,也是一种"公共性"行动。

在公共生活视域下,教师课程决策是一种存在于学校公共生活中的"公共性"行动,这种公共性行动不是自然形成的,而是有意识建构的。其一,作为一个公共领域,课程决策是一种将学校集体生活视为环境,通过公共人参与学校公共项目,开展统一行动,从而建构起来的公共性行

---

① 叶飞:《当代道德教育与"公共人"的培育》,《南京社会科学》2020 年第 8 期。
② 冯建军:《学校公共生活的建构》,《西北师范大学学报》(社会科学版)2014 年第 5 期。

动。其二，作为公共人，不同教师在知识、经验、利益等方面存在着显著差异，这就需要教师相互理解与尊重，并在彼此平等合作、协商对话、理性商谈的过程中形成对课程相关问题的共识，建立起共在的关系。事实上，学校公共生活中的教师课程决策应该是一个以追求公共利益为基本目标的公共行动领域。教师通过公共参与、公共对话追求课程决策的公益性，以达成科学性目标。其三，教师课程决策也应是建立在公共理性基础上自由、平等的公共性行动，应鼓励教师积极参与和协商合作。

三 学校公共生活中教师课程决策的实施逻辑

公共领域与公共生活包含"公共理性""公共交往""公共参与""公共协商""公共行动"等要素。学校公共生活是以公共理性为价值引领，以公共参与、公共交往、公共话语为手段，以公共制度（公约）为规范的公共活动空间。① 结合教师课程决策的本质，本书尝试从"公共理性—公共协商—公共制度"的逻辑探寻学校公共生活中教师课程决策的公共性表征。

（一）公共理性：教师课程决策的公共性基础

公共理性建构于公共领域。公共理性源于公共性，它承载着公共生活之中公共的或共同的思维、态度、行为方式等诸多方面，旨在捍卫公共利益。约翰·罗尔斯（John Rawls）认为，"公共理性是一种化解利益冲突的重叠共识"②。公共理性关乎社会成员的共同诉求。行动者对公共领域中不可分割的、共享性的公共利益的关注和追求，使他们能够在公共协商与对话的过程中选择并运用公共理性。③ 因此，个体无法独立达成对社会公共性的实现，而是需要将自身的行为范式融入社会公众生活这一整体环境中，使个体成为集体，实现突破个体局限的公共诉求的体认。④ 可见，公共理性是个体的自我价值得以实现的理想状态。

---

① 冯建军：《学校公共生活中的制度建构》，《南京社会科学》2020年第11期。
② ［美］罗尔斯：《政治自由主义》，万俊人译，译林出版社2000年版，第240页。
③ 郑海霞、秦国柱：《公共理性：多元主体参与大学治理的价值诉求与路径选择》，《现代教育管理》2009年第5期。
④ 刘铁芳、曹婧：《公共生活的开启与学校教育目标的提升》，《教育研究与实验》2012年第6期。

作为一个相对独立的公共领域，学校公共生活中的教师课程决策应该是以公共理性为价值导向的公共决策活动，教师应基于这种公共理性采取决策行动。也就是说，在公共决策领域中，教师进行课程决策时应该作为具有公共理性、公共精神的"公共人"而存在。简言之，教师课程决策的公共理性即教师基于对社会公共性的追求，将自身的课程决策行为融入课程的整体环境中，与他者共同思考并参与有关课程问题的判断与决定，以实现课程的公共性价值。在此意义上，一方面，就价值取向而言，教师在课程决策的过程中应该以公共理性为价值导向做出课程相关问题的决定。不同于个人理性，公共理性强调参与者的公共思维、自主意识及参与意识，倡导个体与他者之间形成"共在"关系。这就要求在课程决策过程中，教师应将公共性置于私人利益之上，超越狭隘的自利性价值取向，以公共利益为价值指向投入到公共性的课程决策当中。另一方面，就思维角度而言，教师课程决策是一种以公共性思维为导向的行动，即在课程决策中，作为"公共人"的教师应以公共性思维参与其中。这就意味着，教师在学校公共生活中不是"单子式"的存在，而是公共参与并与他者联合的"共在式"存在。基于此，在课程决策的过程中，面对复杂性、动态性、涌现性的课程决策情境，教师需要基于公共性的立场，打破自身利益的藩篱，秉持整体性思维，将多元主体的课程决策视为彼此影响、协作参与的过程。同时将个体与其他教师看作"我们"的共同体参与到决策当中，以实现课程决策的公共性价值。

(二) 公共协商：教师课程决策共识的达成

公共生活既是一种公共交往，也是一种异质性交往，它强调交往主体是无差别的作为复数的他者，他们之间是公共、理性和平等的关系。在此意义上，公共交往注重多元和差异，强调在多元中达成共识。教师和学生共同构成了学校生存场域的主体，师生与教师群体之间的交互构成了一种协作共进的交往范式。这种交往范式在学校公共生活领域中体现在公共协商与公共合作两方面。[①]

在学校公共生活中，教师课程决策主要发生在教师之间的交往。教师课程决策的公共交往主要是指在课程决策的过程中，教师之间基于平等、

[①] 冯建军：《学校公共生活的建构》，《西北师范大学学报》（社会科学版）2014年第5期。

理性、自由、互相尊重的基本原则，以及异质性教师对于课程相关问题的判断与选择，通过合作与协商的方式来达成决策共识。具体而言，首先表现为公共合作。学校公共生活是一种社会建构，其中的合作意味着信息的交换与共享。从公共合作的视角来看，教师在进行课程决策时，合作是必不可少的。一方面，个体加工信息的能力与作用是有限的，"独立的个体基于自身的局限，没有也不可能具备完全掌握复杂局面的知识基础和信息储备；同时，行动者个体也没有完备的技艺基础使之充分借助更多有效的载体"[①]。因此，在学校公共生活中，教师的课程决策实质上是在学校组织实践中进行的公共行动，课程决策的复杂性使得教师的决策行为需要超越自身的能力范围。另一方面，面对复杂的课程实施环节以及动态的课程运行过程，教师不能作为完全独立的个体进行课程决策。因为这种公共行动的顺利开展需要教师之间的合作和信息交换共享。因而，合作是教师课程决策过程中的应然状态。其次表现为公共协商。协商是一种行动者之间的诉求交换和利益互补，同时也是一种各利益主体之间的公共博弈。在公共协商的过程中，个体之间应当遵循具有理性、自由、平等与合法性原则的程序。[②] 公共协商是为了达成共同的决定，它常常发生在目标相近与目标冲突共存的情境中。[③] 事实上，在学校公共生活中，面对课程发展和运行的诸多问题，教师需要与其他教师共同协商以做出合理的课程决策。具体而言，由于教师个体所具备的能力不一，所掌握或能够利用的资源不同，彼此的利益目标相异，个体选择偏好不同等因素，他们在行动中表现出不同的决策行为。因此，决策共识的达成需要教师之间以协商的方式实现。

（三）公共制度：教师课程决策的保障

制度是人与人之间交往的规则体系，它立足于整体利益的考量，是调节人与人之间交往关系的规范。学校制度是学校公共生活的组织架构和条约共识，引导和规约着师生的公共生活。[④] 因此，公共生活需要以公共制

---

① Christopher Hood, "Paradoxes of public-sector managerialism, old public management and public service bargains", *International Pubic Management Journal*, Vol. 3, No. 1, 2000, pp. 1 – 22.
② 张凤阳等：《政治哲学关键词》，江苏人民出版社2006年版，第246页。
③ 杨兰：《权力、协商与教师的课程决策》，《教育发展研究》2009年第20期。
④ 冯建军：《学校公共生活中的制度建构》，《南京社会科学》2020年第11期。

度为保障。学校制度是指为保障学校公共关系的建立以及学校成员公共交往情境的构建而设立的一系列条约规范，其旨在维护学校公共生活的秩序性。课程决策的复杂性、动态性与不确定性，决定了教师需要根据不同的学校公共情境不断做出判断与选择，这种决策行为离不开制度的规约。学校制度既是对个体行动者的束缚，也是对公共利益的保护。公共性是学校制度的基本特征，它是监测学校制度的关键尺度，是学校制度的应然取向。① 教师课程决策的公共制度即为保障课程决策的良序运行，所有教师基于公共性价值，在公共立场上共同参与制定相关决策规范，这是每位教师都应认同与遵循的公共规则。首先，就公共制度的认同而言，在多元的课程决策活动中存在着多样化的诉求，这种认同在本质上是异质性主体对集体行动的属性认同。教师对公共制度的认同程度决定着其课程决策行动的选择。因而，作为具有自主性与能动性的行动者，教师的行为选择表达着诸种意图、动机与偏好。在此情形下，教师在课程决策的过程中显露出的异质性、个体偏好等因素都易导致决策的失序。这就需要教师在课程决策过程中遵循一定的公共规则以规范其决策行为，并形成一定的理性共识。在建构教师之间公共与协同关系的基础上，确保自身做出合理的课程决策。其次，就公共制度的制定与执行而言，作为一种规则体系，公共制度（公约）基于公共意志形成了"重叠共识"。这可以在很大程度上建构公共规约，从而协调成员的关系与行为。作为一个复杂的公共领域，教师课程决策包含成员、关系等迥然相异的因素，这些因素在相互联结过程中出现的非理性行为容易导致教师产生不合理的决策行为，这就需要公共制度的规约。同时，也需要公共制度制定的公正性，以保障所有教师都能参与到制定的过程中，并表达自己的意见和建议，使教师在心理上接纳、在行为上自觉遵守与执行公共制度。在此过程中，教师课程决策公共范式的合法性也会得以确认。

---

① 冯建军：《学校公共生活中的制度建构》，《南京社会科学》2020 年第 11 期。

第 三 章

核心素养背景下教师课程决策的异化

从教师课程决策的实践过程来看,许多教师能够高效有序地开展课程决策,但也存在一些不作为、低效等异化现象。教师课程决策的规范性与实存性之间存在偏差,这既是课程决策的应然与实然间必然张力的表现,也是有待解决的现实问题。① 在核心素养背景下,教师课程决策的合理使用是核心素养落地的重要保障。但是实践发现,由于受到个人惯习、权力网络、组织结构等因素的影响,有些教师从心理上抗拒、排斥以核心素养为主线的课程改革以及由此带来的相应的课程决策变革;有些教师则会用"说一套做一套"的办法来应付课程变革;还有一些教师受制于高位者的决策权力而不敢有任何关于课程决策变革的想法。总而言之,教师参与课程决策的过程是复杂的,存在着与认知、权力、能力等方面相关的种种问题。

第一节 核心素养背景下教师个体课程决策的偏越

当前,教师需要围绕核心素养开展课程决策,以促进核心素养的有效落地。但是,现实中很多教师对核心素养背景下的课程改革心存疑虑,对其合理性与可行性也存在质疑。因而,教师在开展课程决策的过程中往往面临多重困窘,呈现出困惑、抗拒、不作为等倾向。从实践来看,随着以核心素养为主线的课程改革不断推进,教师进行课程决策的机会也越来越多。在此背景下,教师应在课程改革理念的指导下开展课程决策,主动将

---

① 张朝珍:《教师教学决策研究》,博士学位论文,华东师范大学,2009 年。

改革理念在决策中转变为教学现实。但是调查发现,教师并没有合理开展课程决策,课程决策的偏越现象明显,导致课程改革难以有效落地。

一 教师课程决策的抵制

(一) 教师成为课程决策的"观望者"

长期以来,教师易受到决策实践中的惯习影响,导致面对新的课程理念时往往会不知所措。他们常常将已有的决策认知悬置起来,既不试图与新的课程理念建立联系,也不努力内化新的课程理念要义,而是对新的课程改革持观望态度。究其原因,这和教师经年累月形成的惯习有重要关系,惯习一旦形成便能够对教师的课程决策行为产生重要的形塑作用[①]。以核心素养为主线的课程改革强调学生必备品格和关键能力的培养。新一轮的课程改革与教师原有的课程决策惯习存在一定的冲突,因而给教师带来了巨大的挑战。具体来看,惯习本身具有抵制性特点。在核心素养背景下,一些传统的、固有的课程决策惯习会成为阻碍教师开展课程决策的关键因素。因此,这就会削弱教师开展课程决策的积极性,甚至给教师的课程决策带来消极影响。在此背景下,教师往往通过放弃变革的方式来维持惯习带来的安全感。

> WX 老师:我自己也带过很多届学生,积累了丰富的教学经验,我觉得这些经验比核心素养更重要,因为都是我经过一届一届的学生实践总结出来的。但是现在要突出核心素养了,我多少还是有些把不准,没有实践过,不知道具体情况。课堂教学也是一个变化的复杂过程,比如我们之前在"角的初步认识"教学中,用了钟表教具,本意是想通过时针和分针之间的夹角大小来引入对角的认识。但是在教学中发现,学生更关心这个钟表教具指的是几点钟这个问题,这和我们设计这个环节的初衷完全相悖。如果按照核心素养,我就应该顺着学生思路讲下去,但是教学进度跟不上怎么办?学生学习成绩下降了怎么办?和其他班级不同步怎么办?有太多不确定的因素了,我不能

---

① 胡小桃:《高职教师课程权力的境遇及其僭越研究》,博士学位论文,湖南师范大学,2016 年。

冒这样的险。

  LYY 老师：我觉得任何改革都是有利有弊的，感觉这个数学核心素养对学生发展是更好的，但是它是很大的、很抽象的东西，考虑的是全局性的问题，而我们课程是很具体的、特殊的情况，所以它们之间是有差距的。我们现在的决策方式都是经过长时间摸索出来的，有一些就是我师父教给我的，是我们代代相传的，而且我觉得我们培养的孩子也有很多在日后都有不错的发展，所以我觉得新的改革什么的还是等等再看。因为我也不知道这个改革能不能持久，是不是真的就是好的。而且我也不想在学校里"冒头"，我就是个普通老师。

  当涉及课程改革的问题时，多数教师表现得相对保守，"不想在学校里'冒头'""不能冒这样的险"的心态比较常见。虽然也有教师觉得核心素养"对学生发展是更好的"，但是"有太多不确定的因素了"，这就需要教师承担更多的压力和风险。于是，他们往往通过不作为的方式，以一个观望者的姿态来应对核心素养变革可能带来的风险。一方面，基于核心素养的课程理念对原有课程进行了结构重建，会使 WX 教师长期积累的课程决策经验失去价值，导致出现自我认同危机。因而，WX 老师尝试采取一种不作为的态度来维护自身经验的价值，在实践中表现出对新理念下课程决策的观望态度。另一方面，教师把核心素养理念转化为具体的课程决策行为是非常复杂的。这需要 LYY 老师依据知识的组织、分类和架构，把零散的数学知识统整到核心素养体系中，完成数学知识由浅层向深层意义的素养化建构。然而，LYY 老师对于核心素养持怀疑的态度，认为"我也不知道这个改革能不能持久，是不是真的就是好的"。因而，她同样持"等等再看"的观望态度。

  在对教师课程决策"现场"进行分析时发现，新课程改革理念所蕴含的国家意志并不是畅通无阻地被教师和学生理解和接纳的，而是要"透"过教师课程决策铸就的一层模糊的"膜"来实现。也就是说，那些未被教师认同或者关注的素养并不能"透过"教师课程决策直接转化为学生的行动。在具体实践中，教师本应该积极学习和领悟核心素养内涵，结合学生具体的学习情况、教学环境等进行课程决策，从而潜移默化地对学生产生影响。但是，教师在长期课程决策实践中形成的惯习，默默地形塑着教师的课程意识、课程行为及决策表达,并最终影响核心素养下的课程决策实现。

(二) 教师成为课程决策的"失语者"

教师基于核心素养开展课程决策也需要保障体系的支持。在基于核心素养的变革由上至下推进的过程中,教师的课程决策虽然能起到一定的促进作用,但是如果缺少必要的保障和支持,教师也难以在现实教学需求与核心素养要求之间达到平衡。这就从根本上弱化了教师参与课程决策的积极性。不匹配或者不恰当的保障体系也会制约教师主体性的发挥,束缚教师课程决策的自主性,从而导致教师的课程决策行为受限。此外,以考试成绩为中心的评价体系使教师的课程决策失去了自由。在这样的背景下,教师很难有效地兼顾成绩和素养的要求,从而被迫成为核心素养背景下课程决策的"失语者"。

> XYX 老师:我觉得最大的问题还是老传统的"成绩"问题。我也知道核心素养对于孩子的成长更好,但是,学生的成绩摆在那里。素养是不好看出来的,因为成绩是很明显的,学校和家长们也是直接看成绩的。所以,在这种情况下,如果我执着于学生素养,成绩一旦出现问题,我在素养上的努力还可能受到指责。对于核心素养的决策活动,我也尝试进行,但是总感觉离我实际的教学还是有一定的距离,因为大家都讨论怎么样实现核心素养,从来不说发展核心素养的同时怎么样兼顾成绩。如果因为核心素养我们班的成绩变差了,那我也没面子,也对学生家长没法交代。
>
> LYY 老师:我也没有系统接受学习或培训,就是对核心素养包括什么有一个大致了解,但是这个理念缺乏可操作性,我有点无所适从。而且,我们学校关键还是看成绩,只谈什么素养,不看成绩是不现实的,而提升成绩最有效的方式肯定是我们原来的方式,让孩子们多练习、多巩固总是没错的。学校也就是说一说核心素养,是在原有的基础上说一说,我们学校课程其他方面都没有改,就是增加了核心素养这一项。所以,我觉得核心素养可以在学有余力的条件下进行拓展。

从以上访谈可知，XYX老师多次提到了成绩对于自身贯彻核心素养理念的阻碍，认为外部的制度是影响自己开展课程决策的重要因素，这些不匹配的制度影响了自己对数学学科核心素养的思考以及决策。正如布尔迪厄在对当代社会的分析中指出，"外部的影响总是被转译为场域的内在逻辑，外部影响是通过场域的结构与动力而发挥作用的"[①]。课程外部的种种制度通过成绩被转译为教师课程决策的内部逻辑，影响着教师的认知方式和行动意志。这使得教师的决策行为直接受到成绩的规约，不敢逾越半步，最终使教师成为课程决策中的"失语者"。LYY老师提到，"我们学校关键还是看成绩，只谈什么素养，不看成绩是不现实的"。可见，成绩是影响教师基于核心素养开展课程决策的关键。这也反映出教师在观念上首先将核心素养与成绩对立起来，认为学生素养与成绩是呈负相关关系，所以对核心素养的实践停留于表层。教师一旦背离这一导向，将面临来自学生、学校、家长、社会等多方面的压力。部分教师认为基于核心素养开展课程决策在短期内可能对学生成绩产生负面的影响，因而出于各种利益的考量，不少教师不敢尝试基于核心素养的课程决策，被迫成为课程决策的"失语者"。从整体上看，学校科学取向的课程评价强调基于"过程—结果"的推理方式，围绕目标达成的有效性、水平性、时间性等进行测量，而目标本身——成绩，一直作为不容置疑的前提而存在。这种评价取向与核心素养要求之间存在矛盾，科学取向的课程评价所映射的是既有社会利益关系、地位关系等的再生产，即隐藏在可测量的、确定的、客观的科学化外衣之下，对学生进行选拔、甄别与分类。这种评价方式与核心素养所要求的，如指向学生的主体性、独特性发展的评价，在一定程度上是相互矛盾的。当学校缺少适宜的制度保障时，教师只能遵从现有的制度，沦落为"失语者"。

课堂记录（"认识时间"第二课时）

师：我们先复习一下，昨天我们学习了什么呀？

[①] 张俊超：《大学场域的游离部落——研究型大学青年教师发展现状及应对策略研究》，博士学位论文，华中科技大学，2008年。

生：钟表。

师：好，关于钟表我们知道些什么呢？

生：钟表上有时针、分针、秒针；钟表上有12个数字……

师：非常棒，今天我们知道钟面上有12个数字，也就是分成了12个小格，那每个小格里又被分成了几小份呢？（5小份）对啦，那分针走一个小份是多长时间呢？注意是分针。很好，1分钟。那么，走一圈呢？……非常好，就是60分钟，因为走一圈经过了60小份，对不对呀？

师：好，现在大家猜一猜，分针走过60小份的时候，时针走了多少小格呢？（动画演示）

生：1小格。

师：非常好，那么这能说明什么呢？60分钟就等于1小时，对不对呀？好，我们再看一遍演示。

师：根据我们刚才所学，大家看看下面这个钟表是几点呀？（3：15）我们一起来看，这个钟面的时针指在哪里呀？（3和4之间）分针指在哪里呢？（3）

师：分针指向3表示走了15小份，所以这个钟面的时间是3时15分。

…………

从所观察到的教师课程决策行为可以发现，教师的决策指向学生对于钟表的认知，这是由成绩导向的教学目标决定的。然而，学生对于时间长短的感受，以及时间在社会生活中的实际意义等，教师在课程决策过程中几乎没有涉及。学校中原有的评价制度已成为影响教师课程决策的桎梏，也是影响核心素养落地的障碍。在上述课堂片段中，教师先复习了上节课的内容，通过一个例子得出结论——60分钟等于1小时，最后通过一道练习题训练学生的应用能力。从整个过程来看，大多是根据教学经验推进课程，教师旨在教会学生认识钟表，并未关注学生的素养，从而忽视了数学内容的现实意义。通过访谈了解到教师对成绩存在"畏惧"心理。我们可以发现，成绩在发挥评价学生作用的同时也在控制教师，使得很多教师被迫放弃自己在核心素养导向下应该进行的课程决策的机会，同时，也逐渐丧失了课程决策中的主体性。在这一过程中，教师自身的很多观点和想法都被迫隐藏到幕后，更多的是基于原有经验进行决策，强调运用机械化的手段教化学生，用强制性的手段灌输标准化知识，这都直接影响了核心素养的实现。

二 教师课程决策的偏误

（一）教师课程决策的认知缺位

教师对核心素养的正确理解是确保课程决策有效开展的前提。尽管基于核心素养的课程改革已经开展了一段时间，但教师在开展课程决策时仍未能认识到课程知识的社会建构性与价值负载性。教师在课程决策时也未能将知识还原到社会情境中，而仅仅将其视为符号的传递。由此，学生被异化为知识的"容器"。因而，教师对核心素养的认同不等于了解，目前还有不少教师对核心素养的理念了解不够。具体而言，教师并非完全不懂核心素养理论的课程决策者，相反，教师在课程决策中常常践行核心素养理论。问题的关键在于教师在决策时，受到了被自身差异化理解的、已经失真的核心素养理论的影响。当教师运用被歪曲的理论开展课程决策时，核心素养的理路、意义开始变得模糊，其变革的价值也被削弱。在此背景下，教师的课程决策也不可避免地产生一定失真的风险。

表 3-1　　　　　　LMY 老师"观察物体"课教案

课程题目	观察物体		
课型	讲授	课时	第 1 课时（共 2 课时）
教学目标	知识与技能：明确从不同方位观察到的物体形状不同。 过程与方法：通过观察、演示教具等活动，掌握观察物体的基本方法，培养学生的空间观念。 情感、态度和价值观：激发学生对于观察物体的热情和积极性。		
教学重点	明确同一物体从不同角度观看到的形状是不同的。		
教学难点	掌握观察物体的方法，建立基本的空间观念。		
教学准备	教具物品：长方体、正方体、生活物品。		

续表

教学过程	修改调整
一、导入 　　大家想一想，我们在生活中是怎样观察物体的？（引导学生积极思考，活跃思维）这节课我们来学习观察物体。 二、探究 　　将教具长方体放到桌上，变换长方体的摆放位置，让学生回答看到的分别是什么形状。 　　将教具长方体、正方体等分发给学生，让学生从正面、侧面、前面、后面进行观察，并回答从不同的方位看同一物体，形状有什么不同。 　　引入生活中的物品，让学生观察不规则物体，回答从不同的角度看分别是什么形状。 三、拓展应用 　　课件展示，图中的四位同学看到的是大卡车的哪一面？分别是右边的哪一幅图？ 　　请学生汇报，并展示正确答案。 四、归纳总结 　　我们都是怎么观察一个物体的？（上、下、左、右）从不同的角度观察同一物品，它们是一样的吗？（不一样） 　　…………	空间观念

　　通过对 LMY 老师教案的分析可知，LMY 老师对数学核心素养有一定的认知，并且有意愿尝试改变以落实核心素养。但是，在具体设计中发现，LMY 老师对于核心素养的认识是粗浅的、抽象的、理论性的，尚未对数学核心素养形成深度的、具象的现实性理解。如对数学核心素养中的"空间观念"，LMY 老师认为只需要让大家"从正面、侧面、前面、后面进行观察"就能实现。事实上，教师并未能真正透过课程知识看到数学知识对于学生习得社会规范、形成价值取向的引导作用，也缺少对现实情境和实际应用层面的关注。因而，不利于学生对社会空间的理解和迁移，以至于不能从根本上强化学生的"空间观念"。"空间观念主要是指对空间物体或图形的形状、大小及位置关系的认识。"[①] 显然，LMY 老师的决

---

①　教育部：《义务教育数学课程标准（2022 年版）》，北京师范大学出版社 2002 年版，第 9 页。

策方案是一种对核心素养简单理解后的形式化决策,是一种为了素养而素养的形式化决策方案。

理论是实践的先导,教师只有对核心素养有了深入的理解,建立起对数学核心素养的本土化解释框架,才能在数学核心素养与个人的决策行为之间建立对应关系,进而提升课程决策的有效性。然而,就 LMY 老师的教案来看,LMY 老师趋向通过截取课程标准中片段式的表述来解释数学核心素养,但这样的理解是破碎的、割裂的。具体表现为"对如何将抽象的数学知识进行由浅入深的'意义'建构缺少了解""如何将数学知识进行深度加工以实现价值理念的融入缺少认知"两个问题。LMY 老师仅仅抓住了核心素养中"空间观念"这一关键词,根据字面意思进行主观性理解,使得理论原本的意蕴被破坏,导致了核心素养理论指导下课程决策的实践失真。因而,无论是教师无意地误解还是有意地曲解,都削弱了核心素养下课程变革的意义,使课程决策权力在运行过程中失真。

XYX 老师:不管核心素养怎么变,归根到底还是离不开教材,离不开教参,那才是最根本性的东西,核心素养也得依托教材进行。课程目标、课程实施等也还是要依据教科书、教参设计,尤其是考试内容还是根据教科书的知识点进行。所以,不管是核心素养的课程改革,还是其他的什么课程改革,我们的课程决策还是要把最根本的东西表达出来,因为只要把教材教好了,那学生的素养自然就上来了,都包含在其中了。所以不能说今天变明天变,尤其年轻教师,喜欢看到新鲜的,或者上级要求的就依葫芦画瓢似的都搬上自己的课堂,这样的课程决策是不利于学生连续性发展的。

在核心素养背景下,教师通过课程决策完成对教材知识的组织和设计,并在这一过程中将数学核心素养融入教学。通过调查发现,XYX 老师对于核心素养的本质缺少基本的认知。因而,在面对核心素养这一新的课程理念时,往往会借助教材的权威性来证明自己决策的正确性,这也弱化了核心素养的价值。XYX 老师认为,教材内容与数学核心素养的设定之间应该是叠加的关系,一方实现另一方必然实现,因而,不必刻意强调核心素养。这种认知实际上是教师通过合理化传统意义上的课程决策的行为来掩饰自己对变革性决策方式的抗拒。从 XYX 老师的访谈中可以发现，数学核心素养被笼统地抽取出来并加以解释。这种解释过程是 XYX 老师基于自身经验的重新释义，旨在强化自身经验的合理性，并以此证明现行课程决策的正确性。这种刻意歪曲数学核心素养的行为会造成课程决策结果失真。由于教师的曲解，数学核心素养的意义不断被模糊、误解，甚至出现相互矛盾的情况。① 此外，学校也较少对核心素养做出引导和澄清，这就加深了教师认知的片面化。从课程的持续变革和教师的专业发展来看，杂糅的认知不利于教师清晰地反思自己的课程决策行为，因此可能出现教师决策的失真现象。

(二) 教师课程决策的实践偏离

教师核心素养认知水平的提升，是教师有效发挥课程决策、促进核心素养落地的前提。然而，教师认知的封闭性、保守性以及片面性，使得教师对于核心素养的认知依旧停留在浅层水平。在此背景下，教师往往错误地理解和运用一些"新"的课程决策方式，导致课程决策不能有效提升学生素养，出现实践偏离的问题。

> XYX 老师：我只是在会上听过数学核心素养，说得挺对的，但是我觉得教学经验也很重要。而且，我觉得数学核心素养在表现上就是学生的数学应用能力。关于数学核心素养，学校也让我们在教学中体现。但是怎么体现，或者说怎么样就算是体现了，学校也还没有说清楚，所以我在做的时候也不大确定。所以一般就是凭感觉走，比如说在课程教学中多体现一些与生活相关的内容，体现一些学生关注的话题，但感觉这对学生的影响也是有限的。
>
> LMY 老师：我觉得核心素养应该根据学生的状态去进行转变，或者说应该慢慢讲，去培养学生的核心素养。但是我要赶进度，在其他各方面的事情也比较多，我就会放弃这种调整，而以一种"强硬"的手段进行。我也知道如果我慢慢地教孩子们，他们会理解得更好，但是我要抢我的进度啊，让他们更快地接受这个东西。我也明白核心

---

① 杨帆、陈向明：《集体审议与课堂变革：教师群体的话语协商》，《教育发展研究》2014 年第 Z2 期。

素养可能对孩子思维发展有好处，但是我是新老师，班里孩子又小，课堂纪律对我来说是很难的问题，我得先保证他们都把基本的东西听进去了，然后才能关注素养的问题。所以有时候我没有办法去慢慢地、"和风细雨"地讲，而只能"疾风暴雨"地讲，完成我的任务，因为如果我的任务完不成，那可能就会产生其他问题。

由以上访谈内容可以看出，XYX 老师对数学核心素养指导下的课程决策方式和决策标准等认知是不清晰的，因而她在实践中不能有效地将核心素养转化为决策实践。这必然会影响核心素养的实现。XYX 老师认为，基于核心素养的课程决策就是"多体现一些与生活相关的内容"，这种实践倾向具有一定的合理性，在课堂教学中联系现实生活能够增进学生的理解，但如何通过决策实现融合才是关键。如果教师只在教学形式上做调整，那么学生的核心素养仍难以实现。LMY 老师作为一名年轻教师，课程决策经验相对较少，对于课程决策的具体步骤还不熟练，因而在决策的过程中存在"强硬""疾风暴雨"等问题。这些做法是弗莱雷所批判的"储蓄式"决策模式。这种决策方式关心的只是如何在最短的时间内将大量知识传授给学生，缺少教师对课程知识的加工、重组等"再脉络化"过程。因而，教师仅仅就知识符号传递的效率进行决策，忽视了知识与社会现实、道德信仰、个体社会化等方面的联系，使得决策方案脱离了学生的真实生活。基于此，教师的决策实践不仅遮蔽了学生在学习过程中的主体性地位，而且遮蔽了核心素养的真实价值与现实意义。这表明，教师虽有一定的基于核心素养开展课程决策的意识，但是缺少将核心素养转化到课程决策中的实践能力。教师在将决策方案应用于具体课堂时，不能在学生与知识之间搭建起互动的桥梁，使得课程知识不能潜移默化地影响学生的发展，最终使得课程决策结果逐渐偏离了核心素养的本真意义。

课堂记录（"表内乘法"第一课时）

师：（课件展示）大家看看图片中水果店里摆放的是什么水果呀？

生：苹果。

师：你们喜欢吃苹果吗？谁能告诉老师图中有几个苹果？我们看

看谁举手了?(举手人数约 2/3) 好,你来回答。

生 A:24 个。

师:很好,你觉得呢?

生 B:24 个。

师:对啦,有 24 个苹果,那你是怎么数的呢?

生 B:一共有 4 个小箱子,每个小箱子里有 6 个苹果,就是 6 + 6 + 6 + 6 = 24。(老师板书)

师:谁能再来说说?

生 C:上面两个小箱子里面共有 12 个苹果,所以用 12 + 12 = 24 个。

师:这样也行。下面,我们看看水果店里还有什么水果。我们看看有多少橘子呢?

…………

从上面的课堂观察记录中可以发现,在整堂课中,教师始终以自己预设的课程决策方案为中心,较少关注学生的真实需求。学生 C 提出了"上面两个小箱子里面共有 12 个苹果,所以用 12 + 12 = 24 个"的想法后,教师并没有及时给予正向回应,因为学生的回答与自己预期的回答不符,因此采取了漠视的态度。按照学生素养发展的原则,教师本应按照学生的心理逻辑加以积极引导,但是,该教师采用了忽视学生并继续跳到下一例题的做法,以维持其预设的程序。教师这种不考虑学生的现实诉求、以自我为中心的课程决策方式,实则是对课程决策的片面理解和误用。这种缺少深入分析和判断的决策会对学生产生负面影响。因此,当教师在开展课程决策的过程中具有强烈的自我倾向性时,会使得教师常常用自己当前的决策惯习或认知来解释新的课程理念。这样一套"自我倾向性"的解释系统与一系列课程决策实践相关联,必然出现决策的无效问题,并最终导致决策结果偏离数学核心素养目标。[①]

[①] 杨帆、陈向明:《"去情境化"与"再情境化"——教师理解变革性实践的话语表征机制》,《北京大学教育评论》2013 年第 2 期。

第二节 核心素养背景下教师课程决策网络的封闭化

教师课程决策不是一个独立的事件,而是被嵌入一个特殊的社会网络之中,如果不了解社会关系网络,就无法真正理解教师的课程决策行为。社会网络理论认为,具体的关系网络是研究人的行为的必要背景之一。在社会网络中,人被视为一个点,点与点之间的联系形成了一定的社会网络结构。[1] 人的行为会受到社会网络结构的制约,人与人之间的行为也会因其所处的社会关系网络的不同而有所差异。教师个体是决策关系网络的点,由教师组成的决策集体构成决策关系网络。因此,个体教师的课程决策行为受到决策关系网络中位置高低和交互关系的影响。

一 教师课程决策关系网络的不对称性

在教师课程决策的关系网络中,处于不同网络位置的教师拥有不同的权力,占有不同的信息资源。富有经验的教师往往处于决策网络的中心,拥有更多的决策信息;而资历较浅的教师则处于决策网络的边缘,占有的决策信息非常有限。因此,整个决策关系网络呈现出教师决策信息的不对等状态。

(一)网络低位教师成为课程决策的"边缘人"

在课程决策的关系网络中,教师之间是不平等的,即有的处于中心位置,有的处于边缘位置。教师所处的位置不同,拥有的权力大小不同,能够占有的信息资源存在差异,对教师思维判断也会产生不同的影响。由于在课程决策信息占有上存在差异,教师对课程决策信息的理解表现出真实可靠与偏离原意的悬殊。通过观察发现,在学校决策关系网络中,教师之间课程决策行为的自主性完全不同。网络低位的教师缺少必要的决策信息和话语权,处于决策关系网络的边缘;网络高位的教师占有更多的决策信息,处于决策关系网络的中心。

---

[1] 周雪光:《组织社会学十讲》,社会科学文献出版社2003年版,第114页。

一次关于核心素养学习的读书会

教研主任A：今天我们组织这次读书会主要是交流学习核心素养。通过学习，希望为我们今后的教学提供一些指导。我这里有一份学习资料，大家也一起学习一下。（下发学习资料，资料内容为数学核心素养相关文件、文章和具体内容）大家可以先看一下，什么是核心素养呢？核心素养就是"学生应具备的，能够适应终身发展和社会发展需要的必备品格和关键能力……"什么是数学核心素养呢？数学核心素养就是……培养孩子核心素养是我们教育改革的趋势。我们在教学中也一定要有意识地进行变革。现在你们一边看一边讨论讨论。

（老师们研读相关文件）

教研主任A：通过这个材料，我们大家现在谈谈自己的认识吧。

WX老师：这个数学核心素养理念挺全面的，如果能在教学中执行，一定能更好地促进学生的发展。比如这个"数感"的素养，我们低年级的孩子确实应该有意识地培养数感，我之前可能更关注计算，没有关注过数量规律这个问题，以后得有意识地关注一下。

LYY老师：我很赞同WX老师的观点，我就是太关注那些具体的东西了，零零碎碎的知识点，没有一个像核心素养一样统整。具体在教学中怎么做我得认真思考思考。

教研主任A：嗯，一定要结合到咱们具体的教学实践中。比如说认识物体，就要让学生前后左右地看，可以开展小组研讨，要让孩子在自主观察和探究中，形成一种空间的意识。

XYX老师：具体怎么做还得结合课本和课标。从数学核心素养的角度，我们的教学应该站在一个更高的位置来看，不能局限于教材，更应该看向学生。

…………

教研主任A：既然大家都认同我讲的内容，我们以后也要在教案中设计好，在课堂上执行好。关于这次读书学习会，大家还有想要表达的吗？那好，咱们下次在课堂上见，期待大家能够开展不一样的核心素养教学。

通过观察发现，LYY 老师和 WX 老师因教龄低而具有较低的地位，均处于决策关系网络中的低位置。因而，他们的课程决策行为受制于网络高位者的意志，表现为听从网络高位者对决策信息的判断，坚信其决策方案制定的合理性。① 整个读书会其实是以教研主任（网络高位者）为主导的指令传达过程。在此过程中，教研主任作为网络高位者只传递基本概念并做基本讲解，着眼于课程改革的宏观视野。普通教师则更关注核心素养"如何做"的问题，但是由于决策关系网络中结构具有不对称性，普通教师的决策诉求很难表达，只能听从网络高位教师的指令，并在网络高位教师的压力下形成了顺从的惯习。这也反映出，网络高位教师虽然占有更多的信息，但是在自上而下传递核心素养理念信息的过程中，他们往往按照自己的理解确定决策方案，并未关注到网络低位教师的能力、关注点等，使得决策信息不能被准确接收。② 因而，处于课程决策网络低位的教师，最终获得的课程决策信息是经过"加工"与"修饰"的。这些信息不仅对于教师自身的教学来说是陌生的，还可能存在失当、失误的问题。在此背景下，网络低位教师由于缺少关键的决策信息和必要的决策表达机制，往往成为课程决策的边缘人，默认网络高位者决策结果的有效性，从而丧失了独立思考的意志和能力。

网络低位的教师还受到来自网络高位教师的监督与规范，如检查教案、听课等，这就进一步影响了网络低位教师课程决策的自主性，削弱了其主体性地位。就整个观察过程来看，处于网络低位的普通教师的发言都是对网络高位的教研主任提出的"核心素养理念"的附和与赞同，这些教师既没有对这一抽象理念提出疑问，也没有对实施中存在的困难进行思考，更没有主动与年级主任进行研讨。由此可以看出，网络低位教师大多默认并接受网络高位教师对核心素养课程决策活动的安排，并在表面上都赞同网络高位教师制定的决策方案。网络低位的教师即使能够发挥一定的课程决策自主性，也只是在网络高位者划定的决策范围内进行微小的调

---

① 李洪修、熊梅：《组织社会学视域中的学校课程实施》，《社会科学战线》2011 年第 7 期。

② 昝廷全、昝小娜：《信息粗传递及其传播学意义》，《现代传播（中国传媒大学学报）》2017 年第 4 期。

试。在此，受制于网络高位者的权力，网络低位教师始终处于决策关系网络中的边缘位置，他们实际上成了课程决策的附庸者。

（二）网络高位教师成为课程决策的"独裁者"

网络高位教师大多是学校管理者、年级主任等。一方面，处于决策网络高位置的个人可以与学校中更多的人进行沟通，有机会接触其他学科的教师，进而占有更多的决策信息，扩大自己的关系范围。另一方面，跨资源维度的等级制位置之间存在一致性。① 也就是说，当教师在决策信息资源上占据相对高的位置时，其在另外的决策资源上也往往成为高位者，如学校可能将外出学习、荣誉称号等优先给予这些教师。在此，处于决策网络高位的教师为了维持其优势身份，往往通过强化自身影响力的方式稳固现有的课程决策网络。

> LYY老师：我们经常会在单元开始前进行集体研讨，研讨的内容就是本单元的教学目标、计划、实施方式什么的。年级组长会组织我们讨论，一般的流程是，年级组长先说明本次研讨的主题，然后以此主题为核心，老师们开始讨论课程内容，主要是如何教的问题。不同的老师都可以发言，也可以说核心素养内容，但是说的老师很少。其实发言的老师也很少，基本上就是年级组长主导的，我们也不好说太多，就是听听有经验老师的教学建议。
>
> XYX老师：普通老师能够独当一面的很少，独立进行基于核心素养的课程设计或是课程开发工作是很难的，所以这些工作还是主要由我们年级组或教研组承担，能力强点的老师可以帮着做点事。尤其很多年轻教师缺少经验，对教材的知识体系还不熟悉，课程决策的环节也不熟练，哪里是重点也不清晰，他们对核心素养的理解肯定是不成熟的，所以还得是让经验丰富的老师带着年轻老师，我年轻的时候也是这么过来的。

对于网络高位置的教师而言，他们能够获得更多的决策信息，拥有更

---

① ［美］林南：《社会资本：关于社会结构与行动的理论》，张磊译，上海人民出版社2005年版，第19页。

多控制决策信息的机会。因而,网络高位的教师更能决定课程决策的方向。LYY老师提到,在集体研讨会中,年级组长主持讨论,"发言的老师也很少",因为"基本上就是年级组长主导的,我们也不好说太多"。可见,处于决策关系网络高位的年级组长能够控制处于网络低位的教师对决策信息的获取,这就使得整个决策场域成为以网络高位教师为中心节点的关系网络。① 年级组长处于网络中间位置,是上级决策网络和下级决策网络间的交汇点,也是决策信息的解释者。然而,在LYY老师所在的决策关系网络中,年级组长并未扮演好决策信息转译的角色,反而成了整个决策网络中的"独裁者"。这就使得普通教师并不能获得实质性的决策信息,在进行课程决策时既缺少必要的信息支持,也缺少自由的决策空间。此外,决策关系网络高位者在决策信息解释与传播过程中的绝对优势也为其带来了其他方面的利益,如获取更多资源、拥有更高的待遇等。因而,他们往往倾向于强化自身课程决策的影响力,以维系这种不平等的决策网络关系。如XYX老师作为年级组长,为维持其权威身份,将自己与普通老师区分开来,认为"普通老师能够独当一面的很少""很多年轻教师缺少经验"等,并强调"由我们年级组或教研组承担"。可见,处于网络高位的教师一般通过贬低网络低位教师的能力,干预其决策活动、支配信息资源等方式强化其权威身份的合理性,并以此达到稳固其自身决策地位的目的。②

二 教师课程决策关系网络交互的单向性

决策信息在教师所处的决策关系网络中流通,从而实现教师之间的信息交换。但是,由于教师之间在决策关系网络中的连接有粗细之分,因而决策信息在决策关系网络中的流通不是均质的,即存在频次上的差异。在教师课程决策关系网络中,中心度高的教师会有更高的地位,能与其他教师进行更频繁的交互,获得更多的决策信息,以保证课程决策按照自身的

---

① 李洪修、李哨兵:《关系网络中教师课程权力的特征及其实现》,《教育研究》2017年第8期。
② 胡小桃:《高职教师课程权力的境遇及其僭越研究》,博士学位论文,湖南师范大学,2016年。

意愿开展。然而，通过调查发现，大部分普通教师在决策关系网络中的中心度较低，在决策关系网络中较少与其他课程主体进行交流，很难获得高质量的决策信息，只能被动地接收来自高中心度教师的信息，或者与其他低中心度教师进行低质量的信息交互。

（一）低中心度教师课程决策的交互弱化

在教师决策关系网络中，各决策主体之间的高质量交互是促进决策信息流通、提升决策有效性的重要基础。然而，低中心度教师在课程决策关系网络中能连接的点十分有限。因此，无论是与其他教师交互的频次还是质量都很难得到保障，这使得低中心度教师很难高效开展课程决策。

一次作业设计的非正式讨论

1. 🍎 ÷ 5 = 3……🍐，🍐最大是（　　），这时，🍎是（　　）。
2. 在括号里填上合适的单位。
   一个梨重 150（　　）　　一个西瓜重（　　）
   一名二年级的学生约重 30（　　）
3. 写出分针从12旋转到下面各个位置所经过的时间。

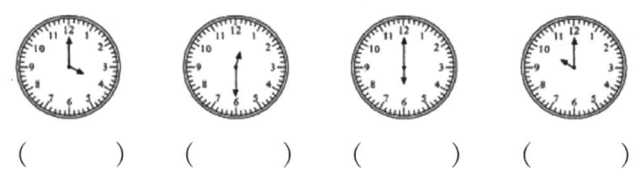

（　　）　（　　）　（　　）　（　　）

LMY 老师：我觉得在作业设计中应该多用一些苹果、梨之类的图片，来强化学生直观想象的素养，现在都在说核心素养，我们也得跟上这个话题。

LYY 老师：我们主要是培养学生的数学运算能力，我觉得没有必要画太多的图，口算能力更重要。

WX 老师：图画太多会分散学生的注意力，小孩子在做题的时候，把注意力都放在图画上了，运算的时间可能会更长。

甲老师：二年级的小孩大部分都是活泼好动的，如果在题目设计上加一些图画，会激发学生的学习兴趣，他们会更喜欢数学。

LYY 老师：我还是觉得简单的数学运算更重要，而且在学生平时买东西的时候都能用得到。

乙老师：而且吧，如果在这一套数学作业上画很多图，会很耽误时间，很麻烦的。
…………

通过观察可知，该教师群体在课程决策关系网络中都是中心度较低的教师，他们掌握着相似的决策信息，对核心素养有着相似的理解，所以他们之间的交互实质上是低质量的信息输出。如在作业设计的讨论中，LMY老师强调了"直观想象"素养，LYY老师则强调了"运算能力"素养，其他老师也分别就某一素养的可行性进行了论述。教师只就自己的认识进行论述，而对异己的观点不做评价也不展开讨论。因而，教师之间实质性的交互频次几乎为零。在这一过程中，决策信息以教师个体为中心，呈线性散开，其他教师或者直接接收或者直接忽略，并未形成交互性网络，因而也未形成有效的决策共同体。LYY老师同其他教师之间均存在着交互关系，但这种交互只在数量上占优势，在质量上却缺乏相应的保障。在决策关系网络中，如果决策信息在教师之间的流通频次过低，那么，教师之间在决策网络中的连接将逐渐走向断裂。教师个体置身于"信息孤岛"之中，游离于决策关系网络之外，失去从彼此身上获取决策信息的机会。这也说明，教师之间这种不信任的研讨方式实际上是一种无效交互，他们在研讨中并未获得新的决策信息。另外，"直观想象"与"运算能力"之间并不冲突，但是，受制于教师的认知水平，学生核心素养的培养被看成了一个非此即彼的一元对应过程。

通过本次非正式研讨也发现，在不涉及个人利益的情况下，教师各自占有的决策信息能够实现顺利流通。整个研讨的过程比较平和，即便有不同的声音被表达出来，每个教师也并未对异己的声音进行回应或者争论。相反，他们采用忽视异己声音的方式，独自进行决策信息的输出。这就意味着，各决策主体的决策参与首先是利益关涉的，教师进行决策信息交互的前提是不损害自身的形象、关系网络、绩效等自身利益。因而，即便看起来是一种交互性的决策讨论，决策信息也并不一定在教师之间流通，因为决策主体自身的利益是重要的影响因素。这也就解释了为什么该决策关系网络明明是一个由相同学科教师组成的同质性强关系网络，但是却没有形成变革决策方式的凝聚力。

(二) 低中心度教师课程决策的交互被动

高质量的决策信息是保障教师课程决策有效落实的重要前提。然而，低中心度教师往往处于决策关系网络的低层，获得有效决策信息的渠道相对单一，因此与高中心度教师进行交流的机会就相对较少。

> LMY 老师：我们学校的新老教师会结成师徒关系，也就是老教师带动新教师，我觉得这个机制就很好。我刚毕业的时候来这边什么也不懂，对于什么是核心素养和怎么在课堂中实现更是不清楚。但是结成师徒关系后，我师父给了我非常多的指导，我也经常听师父的课，或者直接请教。而且，我师父和我教的是同一个年级，所以这种指导可以是非常直接的，大到关于核心素养的实现，小到留作业等，我都可以问我师父。关于数学核心素养，我的理解都是在学校里学的、论文里看到的，我师父的认识是经过常年的经验总结出来的，所以更具有现实性。这种经验性指导对我来说还是非常有效的。当然，我师父也不会把核心素养经常挂在嘴边，就是遇到什么问题就解决什么问题，她会仔细地和我分析教学之道，我觉得受益良多，也愿意听她的，我总是担心自己因为经验不足而出错，我觉得经验对一个老师太重要了。

> WX 老师：我感觉学校提供的这些培训效用不大，比如说每年都有中小学教育培训，也有区里的培训，都是大课，也没有交流，我感觉学了百分之七八十的都很少。现在学校也提倡网络培训，也许有些上进的老师会认真学，但很多老师都会当作一种应付的差事，作为一种必须完成的任务，我感觉学的东西也用不起来。实际上，现场培训会比网上培训更实用一些，你看现场培训老师在上面讲我们在下面听，就更有情境性、更想学，也能和他们交流，网络视频就没办法交流。

通过访谈了解到，LMY 老师表示"愿意听她的，我总是担心自己因为经验不足而出错"。可见，在新教师与资历较深的教师构成的决策关系网络中，他们虽然处于同一学科，但是两者在决策信息占有方面完全不同。年轻教师关注核心素养理论方面上的知识，经验丰富的教师则更关注经验总结，这就使得不同决策组织缺少深入交互的认知和实践基础。因而，在这个不对等的决策关系网络中，经验性的决策信息固定地由经验丰富的教师流向年轻教师，而年轻教师具有创造性的决策信息则很难流向资历较深的教师。这就使得该决策关系网络呈现单向线性的特征，决策信息没能实现完全的流通，核心素养也难以被所有年轻教师深入理解。LMY老师也提到，"这种经验性指导对我来说还是非常有效的"。可见，LMY老师对于这种线性固化的决策交互网络实际上并不排斥，也没有意识到自己的决策行为是被动的。相反，按照资历较深的教师的决策方案开展教学，能够减少自身投入的时间、精力等。因而，LMY老师自愿接受这种游离于决策关系网络之外的状态。长此以往，这种线性的决策关系网络将进一步被强化，难以得到改变。

在决策关系网络中，教师想要把各种课程决策信息有机联系起来，就必须加强与异质性群体的联系。但是，从 WX 老师的访谈结果来看，普通教师能够接触到异质性群体的机会较少。虽然也有一些由所在区、学校等组织的线上线下培训，但是这些培训专家只是将关于核心素养的信息单向传递给教师，在两个群体间并未建立起对话与沟通关系。在此，丰富的决策信息并未强化普通教师对核心素养的意识或能力，反而是线性的决策信息传播路径增加了教师的负担。而且，一方对另一方的长期规训也容易消解该决策关系网络中的对话关系，普通教师只能被动接受专家意见，其自身的课程决策意识和能力得不到保障。

第三节 核心素养背景下教师集体课程决策的组织局限

教师课程决策是发生在学校组织场域中的集体行动。在学校场域中，教师课程决策行为的发生与学校组织境遇存在着天然的联系。通常，教师开展课程决策受到所在决策组织的权力规约，是一个权力博弈的过程。因而，核心素养理念的推进过程实际上是决策组织权力意志的落实过程。在社会学视域下，教师被看作一个组织人，教师开展课程决策深受组织结构、利益、制度等因素的规约。

一 教师集体课程决策参与的不平衡

在教师集体课程决策组织中，不同教师在决策组织中处于不同的位置，占有不同的决策资源，享有不同的决策权力。教师决策的过程实则是核心素养理念在经过学校中具有各种身份教师的理解、批判、改造和抵抗之后，转化为一定课堂形态的决策过程。在这一过程中，不同教师在决策组织中拥有不同的权力，初任教师群体与经验教师群体在权力结构上呈现出严重不平衡状态，这就致使教师在集体决策情境中缺乏真诚、高质量的合作。

（一）显性权力结构的制约

在教师课程决策集体中，显性权力结构主要表现为教师集体课程决策组织中的科层制。在该决策环境中，拥有行政权力的教师对普通教师具有严格的权力约束作用。在理想的文化没有建立之前，制度的意义在于引导。在教师决策集体中规定各位教师的职责与关系，能够提升决策集体的决策效率，维护决策组织的活动秩序，最大限度地发挥决策集体合作的有效性。但是，如果决策组织中的所有成员局限于这些权力等级关系，那么维护决策组织秩序的规定就变成了一种束缚与制约。教师集体课程决策确定课程的一般问题，在集体决策之内教师个性化的课程决策也是关乎课程实施质量的关键步骤。但是在权力关系大于决策内容的背景下，强势教师群体及其代表的行政权对普通教师的课程决策产生严重的规约，普通教师在整个决策组织中很难发出自己的声音，只能通过沉默的方式来表达顺从或者不满。

一次集体备课

XYX 组长：这次咱们的主题是讨论一下第七节的内容。还按照之前的上课顺序安排课时，分两个部分讲吧，大家有什么新的意见吗？

教师集体：（点头）

XYX 组长：第一节课还是讲"认识钟表"，我们怎么讲呢？或者大家对于数学核心素养有什么新的想法吗？

LYY 老师：我觉得数学核心素养就是在教学中凸显一下数学应

用,比如我们还是可以应用之前的钟表教具,一边学习一边认识一边应用,这样也能提高学生的数学应用能力。

LMY 老师:我没什么意见了。

甲老师:我想着带着孩子们做一个钟表教具,和孩子们一起做,在做的过程中引导孩子们认识时针和分针,解释时针分针的意义、换算等,在这个基础上再认识时间。

WX 老师:我觉得不用那么麻烦,我之前都是在黑板上画一个,然后一边画一边讲,最重要的还是让他们练习,不练习只是讲效果不好,学会了数学素养自然就有了。

XYX 组长:大家刚刚都做了记录了,我觉得 WX 老师的想法和我的挺相近的,我也教书多年,前面讲是一方面,关键还是得练习,练习的过程就是培养学生数学应用素养的过程,你们觉得呢?

教师集体:(点头)

XYX 组长:大家还有什么问题吗?

WX 老师:我觉得这个单元除了认识钟表时间,还是要引导学生形成对现实时间的认识,这还是有些抽象性的,所以我建议用动态课件,让学生直观地看到分针和时针的运动轨迹,发现分与时之间的关系。

XYX 组长:我也觉得演示挺重要的,可以采用,大家还有其他的想法吗?

教师集体:(摇头)

…………

通过观察可知,在由六位教师组成的决策集体中,XYX 组长的行政职务使其在决策组织中拥有更多的话语权,能在平和的对话中操纵、控制其他教师对课程决策的认识,而普通教师则缺少自由表达各自见解的机会,往往只能用别人的话语(如教研组长)来解释核心素养,进而开展课程决策。在 XYX 组长的多次提问中,多数普通教师是通过点头的方式表达对 XYX 组长观点的肯定,这既表现出普通职位的教师对于行政权力的遵从,也体现了他们对决策组织中强权力结构的反抗。根据谢林(Schelling)的"弱者权力"理论,在冲突中处于劣势的一方,往往通过束缚住自己手脚的方式来为自己赢得协商中的筹码。① 由此看来，在决策集体中沉默的教师并非仅仅是服从，他们试图通过沉默的话语表达方式，在组织结构中表达自己的权力。可见，教师集体决策过程是一个充满了权力话语的控制过程，每一个决策总是充满了行政话语和内部反抗性话语的相互纠缠，而每次决策的结果都不会是纯粹的某一种权力话语的压倒性胜利，而是呈现两者妥协的状态。②

XYX 组长提出了关于核心素养与具体教学内容的融合问题，在对这一问题的协商决策过程中，教师们有了一些争论，这是普通教师在决策组织中为自己争得话语权的过程，其目的在于维护自身的课程决策权。然而 XYX 组长利用自身的行政权力肯定了 WX 老师（一位老教师）的观点，并以行政权威者的身份确证了该决策方案的可行性。这致使其他教师迫于行政权威的压力，不敢再继续为自身的课程决策权抗争，只能选择点头沉默。由此可见，行政权力是自上而下单向控制着教师的决策意志，决定着普通教师的决策方式。③ 在此，决策结果合理与否不在于核心素养的达成度，而在于行政权力的控制度，这也从根本上降低了开展基于核心素养的课程决策变革的可能性。

（二）隐性权力结构的规训

在教师课程决策组织中，隐性权力结构主要指由经验丰富的教师、课程专家等与年轻教师共同构成的决策集体。不同层次教师课程决策的"赋权"，对教师专业发展"增能"的意义不同。对于经验丰富的教师来说，他们更关注自己的决策对于青年教师的影响力和引导力，以及自己决策建议的创造性和实效性。这些在教学方面的影响力也会对年轻教师的决策参与和决策认知产生绝对性影响，即年轻教师会在决策集体中有意识或者无意识地对经验丰富的教师持"敬畏"心理，并不假思索地接受他们的决策建议，认为他们的一切决策方案都是应该执行的"真理"。

---

① 杨兰：《权力、协商与教师的课程决策》，《教育发展研究》2009 年第 20 期。
② Luwisch Freema Elbaz, ed., *Teachers' voices: storytelling and possibility*, Charlotte N.C.: Information Age Pub, 2006, p. 26.
③ 牛海彬：《批判与重构——教育场域的教师话语研究》，博士学位论文，东北师范大学，2010 年。

XYX老师：我们学校的教师评价不是以理论为标准的，我们更多地看实际的教学效果。我们学校的领导也不是特别注重核心素养，还是重点关注老师有没有讲清楚或者结构清不清晰等。其实，这个核心素养怎么理解、怎么做，都是专家说了算，他们说怎么做我们就怎么做，我们也不懂。有时候有点想法，但是对于成绩没什么用，我可能也不会去试，领导也不看你的这个东西。

LMY老师：我对核心素养的概念都是在上学的时候了解的，尤其是数学核心素养，谈什么空间观念，对于二年级的小孩子来说这些太抽象了。后来，来了学校以后，我们也组织过以核心素养为主题的探讨活动，比如大家一起学习，各自发表一下自己的认识等，但我作为一个年轻的新老师，基本就是向有经验的老师学习，我们基本不发言的。组长也很尊重我们，有时候让我们讲讲理论什么的，我也就把我在学校里学过的那些东西讲一讲，都是理论性的。但是，有时候我觉得经验丰富的教师对于核心素养的理解和我理解的有所不同，但是他们毕竟实践经验丰富，所以我觉得他们给出的决策方案一般都比较有用。倒是我理解的数学核心素养有时候还是觉得挺抽象的。另外，就是有时候我依照集体讨论的结果，按照核心素养的要求上课，也不太清楚怎么样才算是有效的决策。

从以上访谈来看，XYX老师提到，学校层面对于经验的重视程度高于理论，而这种由上至下对经验的重视也直接形塑了经验教师在学校中隐性的话语地位，使得经验教师对年轻教师具有潜在的规训力。[1] XYX老师提到，"这个核心素养怎么理解、怎么做，都是专家说了算"。可见，除了学校经验教师的实践性话语，课程专家的理论性话语也直接操控着青年教师的课程决策认知与行为。在此，处于组织结构底层的青年教师只是经验性话语的服从者、"传声筒"和具体执行者，他们受制于经验教师、学科专家的话语规训，只能漠然地接受外部经验性话语对自己的规训，从而远离了现实世界中的具体教学情境。

---

[1] 牛海彬：《批判与重构——教育场域的教师话语研究》，博士学位论文，东北师范大学，2010年。

从 LMY 老师的访谈中了解到，虽然青年教师的课程实践知识欠缺，但他们掌握着丰富的学科知识，问题主要在于不知如何将理论融入实际课程。因而，他们只能将自己的话语、需求与期望限制在理论空间和经验教师的话语许可范围之内。他们通过"基本不发言的"方式放弃自身的课程决策，聆听并重复与自己理论学习不同的且在决策集体中隐含的经验性话语，其目的在于弥补自身实践不足的短板。但是，青年教师由于长期以来缺少自主决策的意识，他们往往成为有经验教师课程决策意志的执行者。如 LMY 老师提到，"有时候我觉得经验丰富的教师对于核心素养的理解和我理解的有所不同"，但是 LMY 老师仍会忠实地执行经验教师给出的决策方案。这也说明，有经验的老教师大多具有保守性，面对核心素养这一新的课程理念往往不愿随意改变自己的原有认知，因而对核心素养进行解读时并不是基于理念，而是基于自己的经验。此外，他们还会利用自身在决策组织中的权威身份对青年教师进行规训，这就抑制了青年教师对于核心素养问题的思考，从而影响其决策的积极性。

二 教师集体课程决策合作的不协调

教师集体课程决策以教师合作为前提。教师集体课程决策不仅是技术问题，也是文化、人际关系问题。决策集体的组织文化影响着教师课程决策，如果决策组织中教师之间的人际关系是竞争多于合作，教师则会更关注职业生活中的升学率评比、末位淘汰，很难在合作中贡献智慧。因而，决策组织要激发决策成员的向心力，提升教师对于课程问题的专注力，需要为教师创设一个稳定的决策空间。在教师集体决策的过程中，决策集体中的每位教师都应该发挥各自的优势，进行积极的交流和研讨，并最终形成决策合力，得出最适当的决策方案。但是，当前决策集体缺少积极向上的组织凝聚力，组织成员不能在决策组织中找到归属感。因而，当教师个人的利益（职称、成绩）与决策组织的目标（核心素养）相冲突时，决策组织中会出现教师个体逾越决策集体意志的行为，这就影响了决策组织的氛围。

（一）教师课程决策的价值逾越

毋庸置疑，教师的决策动机和能力是影响教师对集体是否认同的重要因素。如果教师将职称、成绩等作为课程决策的主要动力，那么在面对核心素养背景下课程情境变动等不确定性风险时，教师个体会尽可能地规避风险，采用原来能够快速提升成绩的决策方案，悬置决策集体的方案。

一次集体教研

XYX 老师：今天我们来讨论一下咱们的实践活动课怎么上，最好是能体现核心素养，我们主要以"图形的运动"部分的"对称"这一小节开展实践活动课，大家有什么想法？

WX 老师：我觉得上这种课意义不大，还挺浪费时间的，而且我们还得准备剪纸、剪刀、卡片、模型等材料，成本比较高。而且，对二年级的孩子来说，剪刀也挺危险的，所以我觉得还是正常上课就行，还能提高教学的效率，不用非得进行一些实践活动才能培养素养。

甲老师：我上次的公开课讲的也是"对称"这一部分，我们是用了游戏、折纸、动画演示等开展的，学生的反应很好，学习效果也不错。我觉得还可以按上次的过程，毕竟学生的素养就是要表现在实践中的。

乙老师：我听了甲老师的课，课堂非常活跃，也很精彩，看得出来二年级的小孩非常喜欢这种方式，我觉得就按甲老师的公开课方式就行。

LMY 老师：我还是比较赞同 WX 老师的意见，成绩还是最重要的，过于复杂的课程很浪费时间，而且不利于提高学生的成绩。

XYX 老师：既然是活动课，咱们还是要进行一些实践性的活动的，甲老师上次的公开课我也觉得气氛挺好的，我觉得以此为基础，开展学生的实践探究就挺好的。而且，实践活动课就该有实践活动课的样子。大家关于活动的设计还有什么意见和想法？

WX 老师：从实践活动课的角度，确实是需要进行一些实践设计。实践活动本身也能让孩子们更有兴趣。我觉得可以提前准备一些教具，最好是已经成型的，可以直接上手的，能节省时间。

LMY 老师：也可以以小组为单位进行活动设计，小组探究更能激发思维和想象。

…………

通过观察数学组教师的教研活动可以发现，有些教师积极、主动地参与课程决策，并与其他教师协作完成决策方案的制定。但是，也有一部分教师，在一定程度上因为惰性和风险不愿参与决策组织的协商过程，并通过附和其他教师的方式，主动放弃了自己的决策行为。这也反映出，教师的决策动机是影响教师课程决策积极性的重要因素。[①] WX 老师和 LMY 老师都提到了"教学效率""成绩"等问题。从对学校的绩效和考核制度的考察中发现，学生成绩与教师绩效呈正相关关系，即成绩能为教师带来荣誉、收益等。在此背景下，教师的课程决策除了会考虑学生的素养发展，也会考量个人得失。教师个体逾越集体决策意志的行为并不是刚性的或对立性的，而是沉默的。在后续的研讨中，学科组长肯定了活动设计决策方案的可行性后，WX 老师和 LMY 老师都转而附和与肯定组长的意见。这与她们研讨初始否定活动课程的决策相悖，反映出普通教师的决策行为会受到以年级组长为代表的权力结构的制约，普通教师在决策集体中的课程决策行为实际上是在权力支配下被动参与的。因而，当教师返回到课堂这一由普通教师主导的权力场域时，很容易出现对于决策集体意志逾越的现象，这也是决策集体能始终维持"顺利运行"却不能产生良好教学效果的重要原因。

在对本次研讨的后续追踪访谈中发现，教师课程决策集体虽然制订了统一的决策方案，并得到了所有教师的认同，但是，个别教师依旧存在阳奉阴违的行为，即他们并未真正接受决策集体的决策方案，在现实教育教学中依然按照自身的意念进行决策。他们在决策集体中的赞同行为仅仅是为了避免与上级领导产生冲突，维持与同事间正常的交互关系。事实上，作为理性人的教师，在面对现实中复杂的决策情境时，在很大程度上会选择那些风险小、收益大的决策方案。也有部分教师会按照决策集体的方案开展教学，但仅仅是在形式上遵从了集体的决策，并未遵循决策方案中关于学生核心素养培育的根本价值导向。这也反映出，教师对于集体决策方案的价值逾越受到了自我对集体决策方案认知的影响。对于那些对集体决策方案内容认识不清、方案目标及价值导向理解不明的教师而言，集体决策方案并未真正对他们起到指导作用。相

---

① 马伊里：《合作困境的组织社会学分析》，上海人民出版社 2008 年版，第 78—79 页。

反,这些教师还可能被方案中一些形式化的模式左右,从而影响了教育教学秩序和效率。

(二)教师课程决策的"搭便车"

为降低个人的决策成本,很多教师在集体课程决策的过程中采用"搭便车"的方式,想要用最低的投入取得最好的效果。这种做法是对决策集体的不负责,严重影响了决策集体的文化环境,不利于激发教师的课程决策意识。

> **LYY 老师**:现在学校要求我们集体决策要做到"四统一",就是课程进度、目标、内容、作业练习的统一,所以对课程差异性的、多样化的理解基本上是不被通过的,所以我也懒得在集体中说话,说多了也没用,最后还是用集体决策的方案。而且我觉得有些方案并不适合我们班,但是,如果我的方案和别人的不一样,领导可能会对我有意见,吃力又不讨好,所以反正最后的结果都是统一的,我硬要坚持,也没有意义,还不如就直接听大家的,如果有有价值的方案我也会接受,如果没有,我也不用和大家争论,给大家留下不好的印象在以后的工作中也不好处理。
>
> **LMY 老师**:我们年轻老师在课程集体决策中能说的挺少的我觉得。一方面是因为现实的教育和我学到的教育真的不一样。我本科、研究生都是学教育学的,我以为有理论基础,在实践中能得心应手,但在现实中并不是这样的,我一开始连基本的纪律都维持不住,孩子太小了;另一方面,学校有很多有经验的老师,我非常尊敬他们,而且说的课程决策还是他们在实践中摸索出来的,更好用、更高效,所以我基本上在决策集体中就是听大家的,我觉得我的决策方案太过理想,不适合实际的教学,还是集体的比较靠谱。

从访谈内容来看,LYY 老师对于自己所在决策集体的研讨活动持一种消极态度。这一方面是因为她认为自己在决策集体中缺乏话语权,其个人的意见和看法没有被尊重和接纳;另一方面,她认为集体的决策方案不适合自己的班级。因而,LYY 老师实际上并没有真正参与到课程决策集体的研讨中,而是采用"搭便车"的策略,"如果有有价值的方案我也会接受，如果没有，我也不用和大家争论"。教师在决策集体中"搭便车"的行为不仅不利于决策集体得出高质量的决策方案，也不利于培育学生的数学核心素养。LMY老师作为新教师，表现出对自身理论的不自信和对资深教师课程决策的盲目崇拜。因而，在决策集体中呈现出完全听取集体意见的行为。但是，这种不思考、不反思的"拿来主义"行为并不利于年轻教师的职业发展，也不利于发挥决策集体的凝聚力和共同愿景的导向作用。

事实上，每位教师都具有潜在的选择、组织、创新、决策等能力。但是，在复杂的集体决策过程中，教师出于安全感的需要，可能不愿意或者不敢提出个人意见。如LYY老师讲到，"我也懒得在集体中说话，说多了也没用，最后还是用集体决策的方案"，其本意是在说，决策集体首先没有尊重她自身的意见，所以她才不愿意参与集体的活动。这也从侧面反映出，教师对于决策集体归属感的缺失是其在决策集体中"搭便车"的重要原因。LMY老师则是盲目崇拜资深教师的实践经验，随意贬低自身对理论认识的价值，认为"我的决策方案比较理想，不适合实际的教学，还是集体的比较靠谱"，并最终盲目跟从，即完全听取集体意见，不考虑自己班级的特殊性和核心素养理念下教学的内在逻辑。

在具体课程决策研讨过程中，教师本应该集思广益，根据自身的经验或困惑进行研讨。但是，个体受到冷漠或者激进主体意向的驱使，在集体决策过程中很可能不作为。这种不经思考就执行决策集体方案的方式与集体课程决策的初衷相背离，同时也是机械的、低效的。

三 教师集体课程决策制度制定程序的不公正

制度是人与人之间交往的一种规则体系，是人们为了维护社会生活秩序，降低合作成本，维持社会秩序良好运行而建构的。它是公共生活的需要，也是调节人与人交往关系的规范。教师集体决策组织的运行也需要民主制度支撑，以此维系教师课程决策组织的秩序，促进核心素养落地。如果缺少规范性制度的支撑，教师集体内部必然导致课程决策秩序失衡。

（一）普通教师对公共制度的制定缺位

作为一个复杂的公共领域，教师课程决策受到诸如成员性格、人际关系等方面的影响,这些因素在相互联结的过程中所出现的非理性成分容易致使教师产生不合理的决策行为,这就需要公共制度的规约与保障。然而,很多普通教师在课程决策组织中缺少表达自己意见的机会,不能参与到公共制度的制定过程,因此很难在心理上接纳、在行为上遵守与执行这些制度。

> WX 老师:刚开学的时候我们年级组进行过数学核心素养的讨论,按照我们集体的制度,年级组长给我们说了说关于数学核心素养的概念,主要是介绍基本情况,然后由我们老师自己讨论。但是我们其实知道的也不多,就各自举了一些例子,就是自己在实际中的经验,最后我们要由一名老师代表总结,然后我们组长总结。我也不知道这个制度是谁制定的,反正我觉得不太合理,周四这个时间就不合理,有的班有课,就只能让学生自习,而且太频繁了,我觉得没有那么多问题要讨论……
>
> LYY 老师:我觉得我们集体探讨的初衷是好的,能够发挥我们老师各自的优势,但是,我觉得集体要遵守的公共制度有问题。学校也不管实际上我们集体活动是什么样的,就借鉴其他学校的方法,让我们集体研讨严格遵守"四统一"的标准,就是要做到课程进度统一、课程目标统一、课程内容统一、作业练习统一,也就是我们集体研讨的决策方案必须体现这个"四统一",我觉得每个班孩子的情况是不同的,如果都按照这种标准,肯定是不能有好效果的。

从以上访谈内容来看,访谈教师所在的课程决策组织有明确的公共制度,但是这些公共制度并未真正起到规范教师决策行为、形塑教师理性共识、建构教师之间公共关系、保障教师做出合理课程决策的作用。相反,这些严格、僵化的公共制度在一定程度上阻碍了教师课程决策的有效开展,甚至影响了核心素养的贯彻落实。WX 老师就提到,"我觉得不太合理,周四这个时间就不合理,有的班有课,就只能让学生自习,而且太频繁了,我觉得没有那么多问题要讨论"。可见,当前教师集体内的公共制度并不是对组织中教师公共意志的集中表达,而是带有明显的"官僚化"特征,违背了公共制度的公共性初衷。究其原因,在决策集体中，教师的课程决策行为被限定在公共制度内，教师既不能自主表达个人意志，也不能更改决策集体的公共制度，从而使得决策效率低下、决策效果不佳。

与此同时，LYY老师提到，"我们集体研讨的决策方案必须体现这个'四统一'"。这就说明，学校层面缺少对教师决策组织的实际考察，将公共制度等同于"统一制度"。这不仅弱化了教师个体课程决策的积极性，也容易使决策组织的行动丧失公共性。在学校的公共生活中，教师课程决策集体的复杂性、动态性与不确定性，决定了教师需要根据不同的情境不断做出判断与选择。这就需要教师根据公共性的价值和立场，主动参与组织规范的制定，进而呈现出所有组织成员认同的公共规则。然而，LYY老师所在的课程决策组织遵循的制度源于其他学校的经验，说明教师集体的课程决策受到学校层面的压制。普通教师在公共制度制定的过程中处于"缺席"的地位，决策组织现有的"空降"制度难以规范教师决策集体的公共性。

（二）管理者对公共制度的解释绝对化

在课程决策集体中，学校领导者或管理者拥有公共制度的制定权和解释权，是公共制度的制定者和解释者。他们通过监督教师的工作情况，操纵与协调教师的决策行为。

一次学校数学组大教研

学校副校长A：今天我们进行以"数学核心素养"为主旨的教学研讨。数学核心素养对于学生必备品格和关键能力的培养具有重要的指导意义，今天我们主要对数学核心素养相关内容进行学习和研讨……根据我们的章程，我们现在进行研讨。首先，我们先请数学教研主任就数学核心素养的相关要旨进行发言。

数学教研主任B：现在我就数学核心素养的相关内容和要点进行总结。（读讲稿，无互动）

学校副校长A：通过刚刚教研主任B老师的讲解，相信大家对于数学核心素养有了更深入的认识，现在请各位年级组长谈谈对于数学核心素养的认识。

教研组长C：关于刚刚教研主任谈到的"模型意识"和"应用

意识"这两点我想谈谈我的认识……

教研组长 D：关于数学核心素养中的"推理意识""符号意识"我想谈谈我的一些认识……

教研组长 E：关于数学核心素养中的……

学校副校长 A：通过学习，相信大家都对数学核心素养有了比较深入的认识，在我们的教学中，大家也要进行相应的体现。现在是讨论环节，哪位老师有什么想法或者困惑可以提出来，咱们一起讨论一下。

（沉默）

老师 F：我感觉学生核心素养的培养是非常必要的，就是有些素养，比如"模型意识"等比较抽象，在教学中是怎么样实现的呢？

教研组长 C：我觉得"模型意识"就是让学生知道用数学模型来解决实际的问题，数学是可以应用的，而不仅仅是知识。

（另外两位老师进行了讨论，时间15分钟）

学校副校长 A：大家还有什么问题可以自行讨论，今天的研讨到此结束。

从整个教研过程来看，学校副校长 A 始终扮演着教师集体决策组织中规则的宣读者和解释者的角色，决定着教师发言的顺序、时间，以及哪些教师能在这一集体中发言，哪些教师不能。在此，本次集体研讨所遵循的制度流程主要来自学校副校长 A，他借由公共制度将教师决策的控制合法化，不仅强化了高职位教师的课程决策权，也忽视了普通教师在集体中的决策意愿。该所学校的管理者在制定决策集体的公共制度时，违背了公共性原则的规约，在整个过程中，普通教师并未获得表达自己观点的机会。

学校作为社会公共生活的微观场域，承载着培育公共价值与公共情怀的使命。但在现实中，普通教师没有资格获得参与公共制度协商的"入场券"，学校的管理层站在课程决策的制高点，没有提供给普通教师表达公共意志的机会和渠道。无论是资深教师，还是高学历青年教师，在学校这个大的决策集体中，都未能获得在决策集体中表达自身意见的机会。换言之，学校管理者为把课程决策集体的组织管理权掌握在自己手中，忽视了课程决策集体中制度的公共性。制度的变迁与创建是能动者权力博弈的过程，不同类型的制度性能动者因倡导不同的利益而在决策过程中存在一个或多个、双方或多方的博弈过程。在学校决策集体的制度创建过程中，学校管理者成为权力博弈的"赢家"，对公共制度的解释过于绝对化，使教师的公共意愿与公共参与能力丧失，他们所说的"没资格"实际上也是对"公共人"意识的背离。

第四章

核心素养背景下教师课程决策的影响因素

考察核心素养背景下教师课程决策的影响因素，是为了更好地了解教师课程决策网络结构中管理者、课程专家、教师、学生以及其他要素是如何互动的，从而有效地推动教师进行课程决策。从社会学角度来看，教师课程决策是一个复杂的网络结构，个体因素、关系因素、组织因素等均影响着教师课程决策的运行。其中，教师个体是实现教师课程决策的基本要素，没有教师个体，课程决策就无法实现。在教师个体在场的前提条件下，集体认同、利益诉求、个体资本影响着教师课程决策的实现程度。教师课程决策运行中多元主体之间的关系是个体间相互作用、相互协调的基础，对教师课程决策的执行具有决定性意义。由于教师课程决策运行于网络组织之中，因此学校的组织结构、组织制度、组织文化都会对教师课程决策产生监管与制衡的作用，影响着教师课程决策的有效运行。

第一节 个体因素：教师个体作为教师课程决策的基本单位

教师课程决策是教师在课程发展和实施过程中，对有关课程的问题做出判断和选择的过程。在核心素养背景下，教师课程决策总是或多或少地影响核心素养课程目标的落实。在这个过程中，教师的集体认同、利益诉求、个体资本决定着其参与课程决策的程度。

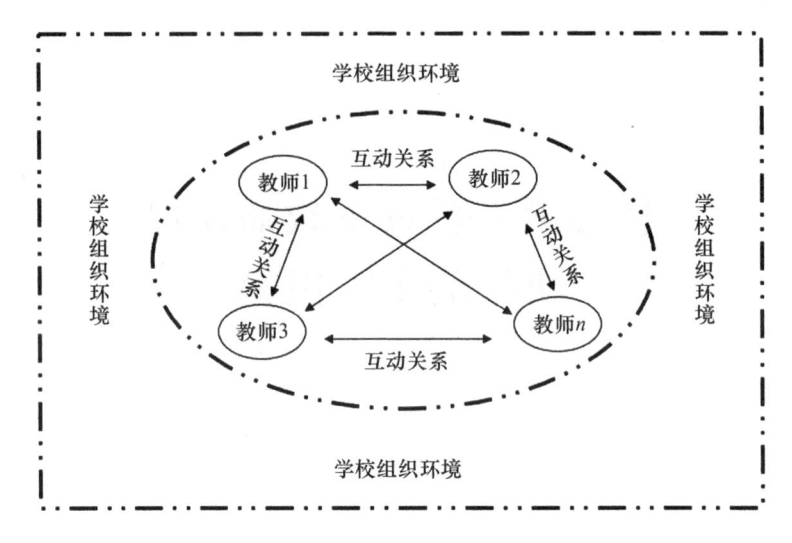

图 4-1　影响教师课程决策的基本要素与要素间的相互作用

一　教师个体的集体认同影响课程决策执行的意愿

在核心素养背景下，教师课程决策的执行与教师个体的集体认同有着密切的关系。教师课程决策不是一个人的事情，而是一群人共同参与的决策过程。教师课程决策是一个集体行动，然而教师个体之间存在差异性，因而教师对课程决策的认同度也存在着一定的差异。① 因此，教师集体对课程决策的理解与认同是落实核心素养的重要因素。教师个体在集体认同的基础上产生集体意向，将个体的行动能力、资源和能动性有机地整合到集体行动中。在集体认同达成的前提下，教师个体之间相互协调，将集体共同的目标作为自己的行动选择，并在分析课程问题、制订决策方案、执行决策计划等方面贯彻核心素养的基本要求。

（一）教师个体的集体认同影响课程决策执行的积极性

集体认同意味着教师个体能够理解与认可课程决策，并在意识上重视课程决策，这在一定程度上影响着其参与课程决策的积极性。教师接受并认同核心素养目标，就可以在决策过程中自觉地、积极地执行课程

---

① 冯帆：《教师课程权力认同的问题审视及其改进》，《教学与管理》2019 年第 21 期。

决策。① 在日常教育活动中，教师课程决策无处不在。然而，通常情况下，教师个体往往将自己的课程决策权力悬置，并未执行课程决策。在核心素养背景下，教师运用课程决策对课程内容进行结构化设计、开展跨学科主题学习，与以往重视知识传授的分科教学有着明显的区别。但教师长期积累的教学经验已然成为一种稳定的惯习，会导致自身做出较为保守的行为选择。因此，在核心素养背景下，教师个体的集体认同对于修正原有的惯习十分重要。这是由于教师个体认可执行课程决策对落实核心素养的重要性，从而放弃了原有惯习带来的"稳定感"。

> WX 老师：在我们开会讨论课程问题的过程中，有些教师的决策意见有利于数学素养的落实，但并不是所有教师的意见都这样，他们主要还是关注知识、技能的训练，因为这些东西能提高成绩，成绩好了，教师也就什么都有了。比如在我们年级研讨中，有些老教师对核心素养不太重视，认为新的改革需要一段时间去适应，而自己以前的方式也可以促进学生发展。因此，基本上是在集体研讨中积极地发言，在实际教学中不会特别关注数学核心素养的相关问题。有些年轻教师就觉得自己还需要一些基础，虽然觉得数学核心素养确实比较好，但还是会跟着其他教师按原来的方式进行教学。

教师们在刚接触到以核心素养为主题的课程改革时会感到不适，如 WX 老师谈到，"新的改革需要一段时间去适应，而自己以前的方式也可以促进学生发展"。这是因为他们内心还没认识到核心素养的重要性，依旧按部就班地走老路子。集体认同是一种确认和赞同，是承认并接受。教师个体的集体认同则是教师对课程决策形成对集体的认同感，承认核心素养课程改革的重要性，接受与运用集体的课程决策去落实核心素养。教师个体认同课程决策，内心渴望促成以核心素养为核心的课程改革，将有利于消解当下课程、教学等方面的改革与原有课程决策之间的冲突，促成学生核心素养的生成与发展。在核心素养背景下，教师个体的集体认同使其在认知层面突破原有惯习的局限性，了解课程与课程决策的密切联系，合

---

① 张晓娟：《教师课程决策力运行的状况研究》，硕士学位论文，吉林大学，2017 年。

理执行自己的课程决策并投身到课程改革的行动中。

(二) 教师个体的集体认同影响课程决策执行中共同愿景的形成

在教师课程决策运行过程中,教师个体行为要纳入集体行动的维度,以推动核心素养的落实。在任何课程决策的过程中,权力都不是均匀地散布于决策群体的各个位置。① 在大多数情况下,教师课程决策都是通过共同愿景来实现的。

> LYY老师:我们怎么做还是听领导的,这些研究课改的任务一般都由教务部门的领导或者主任、教研室主任等承担,我们就是听令行事。领导还说要对这个核心素养落实做考核,主要是考察我们的教案,所以我在教案中也根据领导要求做了一些调整……,比如说,他让我们在什么地方体现数学核心素养,我们就在教案里相应的地方进行调整,有时候领导来听课,我也有意识地在他说过的地方体现一下。

在核心素养背景下,教师个体应以落实核心素养为共同愿景开展协商合作,摒弃个人之间的竞争与冲突,相互配合以完成教育活动。从对LYY老师的访谈中可知,在协商过程中,学校领导者会凭借其所掌握的资源不断扩大自己的影响力,而一些普通教师往往会在课程方案的讨论中处于"失语"状态。课程改革是涉及每位学校成员的事情,而不仅仅是少数改革代理人或者管理者的事情。然而在学校,重塑学校发展的愿景与消除矛盾仅被看作领导者的任务。② 教师的个人愿景在集体认同中得到实现,从而使集体愿景与个体愿景相吻合,并获得了大家的认同和支持。在核心素养的背景下,集体认同能够增进教师课程决策运行中的共同愿景,使得教师课程决策真正反映核心素养的要求,从而促进学生核心素养的发展。

---

① 杨兰:《权力、协商与教师的课程决策》,《教育发展研究》2009年第20期。
② 李洪修、熊梅:《组织社会学视域中的学校课程实施》,《社会科学战线》2011年第7期。

二 教师个体利益诉求影响课程决策执行的过程

教师个体是课程决策的行动者，其所追求的个人利益会左右自身的决策行为。在教师课程决策的运行过程中，教师个体会在对自身利益进行考量后采取相关的行动。教师课程决策被教师个体的利益诉求充盈，这限制了教师课程决策的有效实现，极大地影响了学生核心素养的培养。

（一）教师个体利益诉求阻碍课程决策执行

教师课程决策是一种权力的拥有，诱发教师个体在课程决策过程中追求个人利益。权力本身具有一定的诱惑性和控制性，同时渗透着个体利益，进而影响教师课程决策的执行。

> WX老师：数学核心素养对于我们来说太抽象，没有具体操作的方式，也不能马上看到成效。而我们平时教学一方面需要完成上面安排的任务，上面布置什么我们就做什么，因为这影响我们的职业发展。另一方面，我还需要考虑到学生的成绩以及年级进度，如果按照数学核心素养的要求，开展探索活动、合作学习等课堂活动，课堂很难控制，会影响教学进度，更重要的是考试也不考这些内容，学生也不会做。既要提高学生成绩，还需要系统全面地讲知识点，督促学生认真学习。

在课程决策执行的过程中，WX教师以学生成绩、教学进度、课堂控制为利益诉求，违背了课程标准或课程规范存在的意义，曲解了新课程改革的意图，忽视了学生的实际需要，导致课程实践与学生发展之间出现了冲突。当教师个体对自身开展的课程决策以及自身存在的价值没有清晰而正确的认识时，课程决策运行就会与学生的实际需要相背离。[1] 可见，在教师课程决策的实际操作过程中，其行为会受到自身利益诉求的影响，出现仅凭学生考试分数判断学生学习优劣及其努力程度、凭借教学内容控制

---

[1] 容翠、郭元祥：《我国教师课程权力问题的研究与反思》，《中国教育科学》2016年第4期。

课堂教学节奏、不顾课堂的实际情况而凭借自己的标准奖惩学生等行为，这阻碍了教师课程决策的执行过程。

（二）教师个体利益诉求造成课程决策中的集体冲突

教师个体对利益的追求造成个体与集体之间产生利益冲突。利益支配着教师的课程决策活动，教师的一切课程决策行为都无法脱离利益的引导。教师个体的课程决策行为是其对自身利益考量后的结果，而他们对利益的追求又受限于课程决策集体。因此，在执行课程决策的过程中，教师面临着个体利益和集体利益间的矛盾。

> LYY老师：我们学校关键还是看成绩，只谈什么素养，不看成绩是不现实的，而提升成绩最有效的方式肯定是我们原来的方式，让孩子们多练习、多巩固总是没错的。
>
> XYX老师：大家都讨论怎么样实现核心素养，从来不说核心素养怎么样兼顾成绩。如果因为核心素养我们班的成绩变差了，那我也没面子，也没法向学生家长交代。
>
> LMY老师：在集体备课中，我们每位教师都有一个详尽的实施进度方案，教师必须严格按照这个计划来进行，不允许改动太多。一些教师觉得小数加减法之后可以接着讲小数的乘法，调整一下教材上的顺序，让学生有一个系统的认识，但因为月考的机制，教师只能按规定的顺序讲，不然会因为月考时有些内容学生没有学到而受处分，所以教师不敢轻易调适。

在核心素养背景下，落实核心素养是集体的共同愿景，但是以成绩为中心的评价体系仍然盛行，教师为了保证成绩、维护自己的面子而放弃了对核心素养的落实，于是就产生了个体利益与集体利益之间的冲突。受到利益最大化的驱使，教师个体的课程决策行为是经过成本或收益考量之后的结果。正如LYY老师所言，"我们学校关键还是看成绩，只谈什么素养，不看成绩是不现实的"。XYX老师也提到，"如果因为核心素养我们班的成绩变差了，那我也没面子，也没法向学生家长交代"。教师课程决策为了维护"保证学生成绩"的个人利益，而放弃了核心素养的培养目标，是教师面对个体与集体间冲突的表现。可见，教师在执行课程决策的过程中,会自觉避免"因为月考时有些内容学生没有学到而受处分"等情况,因而其往往就会倾向于自己的个体利益,这就导致了课程决策过程中个体利益与集体利益的冲突。

(三) 教师个体利益诉求影响课程决策执行的取向

教师个体的利益诉求蕴含着其对教育的认识,在一定程度上影响着课程决策的取向。

> LMY 老师:我觉得核心素养应该根据学生的状态去进行转变。或者说,应该慢慢来培养学生的核心素养,但是我要赶进度,其他事情也比较多,我就会放弃这种调整,而以一种"强硬"的手段进行。

LMY 老师提到,核心素养应该慢慢培养,但是因为要赶进度,所以就必须以"强硬"的手段进行,让他们尽快接受知识。课堂秩序对 LMY 老师来说是一个难题,她首先要保证学生全面地吸收知识,其次才能考虑核心素养的问题。这种决策方式关注的是教学进度、学生对陈述性知识的习得,属于维护课堂秩序的课程决策取向。

> XYX 老师:不管是核心素养的课程改革,还是其他的什么课程改革,我们的教材还是要把最根本的东西都表达出来,因为只要把教材教好了,那学生的素养自然就上来了,都包含在其中了。

XYX 老师认为"只要把教材教好了,那学生的素养自然就上来了",这种忠于教材来落实核心素养的方式体现了一种缺乏反思的课程决策取向,在一定程度上与学校、学生的实际情况不符。

> LYY 老师:我们学校关键还是看成绩,只谈什么素养,不看成绩是不现实的,而提升成绩最有效的方式肯定是我们原来的方式,让孩子们多练习、多巩固总是没错的。

对于 LYY 老师而言,成绩比素养更重要,这仅仅看到了学生成绩提高的眼前利益，而忽视了素养对于学生终身发展的作用。显然，这种以成绩为中心的课程决策取向忽视了学生全面发展的需要，不利于核心素养背景下教师课程决策的良好执行。

> WX老师：如果按照核心素养，我就应该顺着学生思路讲下去，但是教学进度跟不上怎么办、学习成绩下降了怎么办、和其他班级不同步怎么办，有太多不确定的因素了，我不能冒这样的险。

WX老师在执行课程决策的过程中趋于安稳，注重对课堂教学的整体把控。在执行其课程决策的过程中，课程目标、课程内容等方面都是提前预设好的，学生只要按照课程实施的流程走就行。但这种趋于安稳的课程决策取向，往往会忽视学生在课程中的经历与体验。

不同教师的利益诉求存在一定的差别，有些教师更关注能否达到预定的课程目标，有些则更关注教学方式能否与学生相联系。因此，在具体的课堂教学中，教师个体利益诉求的不同影响着课程决策取向的不同。倾向于减少工作量以及工作失误的教师形成的是一种忠实取向的课程决策，他们认为自己无须对知识进行再创造，完全可以根据教材的安排向学生传递知识。在课堂上，这些教师以管控学生、维持课堂秩序为主要任务，严格按照教材教学，只专注于将知识教给学生。而倾向于学生发展的教师，知道如何把握学科特点、满足学生需要，灵活采取教学方式以创生课程。这类教师专注于学生核心素养的发展，密切关注学生的成人成才，从而形成了创生取向的课程决策。

三 教师个体资本影响课程决策执行的能力

在社会学中，资本是指个体拥有的信息、资源、优势等，它们可以被调动和利用，从而创造一些有利条件，影响教师个体执行课程决策的能力。教师个体拥有的资本主要包括文化资本和社会资本两个方面。在教师课程决策运行的过程中，教师个体拥有的资本支持，可以促进自己执行课程决策。教师执行课程决策的关键在于教师与知识之间的动态生成关系，注重的是教师在课程决策中的主动性。所以，拥有丰富资本的教师能够更有效地执行课程决策。

(一) 文化资本是教师个体执行课程决策的内在保障

"文化资本"代表一个人受教育的程度，它是指教师个体所掌握的知识与技能及其带有的经济效应中非金钱、非物质的资本。教师个体的"文化资本"包括教师专业知识与教学能力、实践智慧。

1. 专业知识与能力影响教师个体对课程决策的认知

在核心素养背景下，教师个体的专业知识与能力是教师课程决策的前提。教师只有认识与理解课程决策，才能名副其实地拥有以及使用自己的课程决策。然而，由于教师个体往往对课程决策缺乏一定的认知，因而错误地理解和使用课程决策，最终导致自身的课程决策出现偏差。

> LMY老师：我觉得我们的课程决策都体现了数学核心素养的要求，比如说我们最近学习的立体图形和平面图形，为了帮助学生辨认立体图形和平面图形，我会让学生观察不同类型的立体图形和平面图形。在小学数学核心素养中，空间观念是一个较为难理解的观念，需要在学习活动的过程中逐渐培养，这种具体的观察是培育个体空间观念较好的一个方式。

> LYY老师：我也没有系统接受过学习或培训，就是对核心素养包括什么有一个大致了解，但是这个理念缺乏可操作性，我有点无所适从。在实施课程的过程中，虽然我也有意识地去落实素养，但是也不确定自己的这些课程决策是不是有利于核心素养的落实，对学生数学核心素养的发展有没有帮助。

教师个体受到专业知识与能力等方面的限制，缺乏落实核心素养目标的知识和能力，会造成课程决策方向的偏离。LMY老师没有正确理解核心素养与知识之间的关系，没有采取有效的课程方案促成学生核心素养的发展，而是把简单的、机械的、反复的练习当作发展核心素养的途径。LYY老师认为自身能力有限，不具备将核心素养落实到具体课程中的能力，从而放弃自己执行课程决策的机会。如果教师个体没有足够的与课程相关的专业能力，那么他就不可能对目前的课程活动进行创造性的突破，更不可能产生具有课程权力意义的行为。① 教师课程决策就是展现教师专业知识与能力的过程，当教师个体对课程决策有了清晰的认识时，就会有意识地调适自己的课程决策行为，落实核心素养教育目标。因此，教师个体对课程决策形成系统的知识体系，是其使用课程决策的内在保障。

2. 实践智慧影响教师个体对课程决策的执行情况

教师个体的实践智慧是教师在突发性课程实践过程中形成的实践性知识。实践智慧是教师在对自己教育教学经验进行反思和提炼后形成的，并通过自己的行动表现出来的对教育教学的认识。课程决策过程不是直线式的、照搬照抄的简单过程，其间会出现一些新情况、新问题，需要个人有所变通和灵活处理。② 实践智慧指导教师在实践中执行课程决策，即在决策过程中影响教师个体对课程问题的判断与选择。在教师课程决策执行过程中，实践智慧有助于教师个体将抽象的核心素养理念落实到具体的课程决策环节中。可以说，实践智慧与核心素养目标落实之间存在着协同性，教师个体的实践智慧越丰富，越有利于教师课程决策的运行。

> WX老师：我自己也带过很多届学生，积累了丰富的教学经验，我觉得这些经验比什么核心素养更重要，因为都是我经过一届一届的学生实践总结出来的。但是现在要突出核心素养了，我多少还是有些把不准，没有实践过，不知道具体情况。

教师个体的实践智慧是在对实践性问题的反思或提炼后形成的，对课程实施过程中遇到的实际问题具有指导作用。在面对培养学生核心素养这种相对理论化的目标时，教师个体以"我们课程决策不实用"或"这就是基于核心素养的课程实践"等缘由阻碍课程改革的推进。WX老师有18年的教龄，她拥有丰富的教学经验，但是因为缺少核心素养相关的实践智慧，在落实核心素养的具体实践中，无法应对突发事件，难以有效培

---

① 陈允龙、贺绍栋：《权力冲突：教师课程权力实现的尴尬境遇》，《当代教育科学》2014年第8期。

② 王天平、金玉梅：《课程政策执行力：内涵、构成及评价》，《西南大学学报》（社会科学版）2010年第6期。

育学生的核心素养。教师个体出于稳定的考虑,一般不会直接对核心素养目标进行批判或者对抗,而是通过课程实践这一更具有说服力的方式证明自己的原有经验更有效,更优于抽象的核心素养。[①] 可见,在核心素养导向下的较为复杂的实践情况下,教师个体已有的实践经验影响着其对课程决策的执行情况。

(二) 社会资本是教师个体执行课程决策的外在支撑

社会资本是人际网络以及个体调动社会关系和资源的能力。[②] 教师个体具备足够的社会资本可以提升自身的课程决策能力。

1. 教师个体拥有社会资本能够保证课程决策的执行

教师执行课程决策需要人力资源、信息资源、权威资源等做保障。教师个体拥有的社会资本可调动相关人员、要素推动课程决策的运行。在课程设计、课程执行与课程评价的过程中,教师个体联合上级教育部门、学校、家长及其他社会力量,不断促进多方力量的有机互动,能够形成以尊重、信任、平等为基础的发展性人际网络,使得教育的发展更加和谐。因而,教师课程决策是协调各方关系、力量的共同活动,其有效执行的前提条件是拥有对问题处理起支配作用的社会资本。在教师课程决策过程中,由于缺少社会资本,存在不知道如何落实核心素养的问题。在核心素养背景下,教师缺少落实核心素养的相关经验,学校没有为其提供必要的信息资源、培训渠道来帮助教师个体获取核心素养理论,因此导致了基于核心素养的课程改革效果不理想。可见,社会资本是教师个体协调好成员关系、聚集力量为共同目标而奋斗的关键,是调和各相关成员、资源和有效执行课程政策的保障。

2. 教师个体拥有的社会资本推动课程决策的创新

在核心素养背景下,教师个体拥有的社会资本推动着课程决策的创新。创造性执行课程决策是指教师个体根据课程实际状况,发现课程决策的偏颇之处或空白点,从而引发课程决策实现由下而上的变革,甚至产生

[①] 葛春、费秀芬:《新课程实施中农村教师的"日常反抗"——基于社会学的研究视角》,《教育发展研究》2009年第4期。

[②] [美] 戴维·斯沃茨:《文化与权力:布尔迪厄的社会学》,陶东风译,上海译文出版社2012年版,第219—220页。

新的课程决策。教师个体在学校中的社会资本可以把课程资源联结起来，这些课程资源能够有效地解决教师个体在课程实践中遇到的问题，推动课程决策的创新。教师个体的社会资本反映了其动用学校关系网络的能力，教师个体动用学校关系网络的能力越大，越能够具备足够的空间对课程决策进行发展与创新。① 在 Z 市 M 小学的四位老师中，XYX 老师是年级组长，他对核心素养背景下课程决策的发展与创新有着更强的动力。多数情况下，教师个体因为缺少相关的社会资本而对课程决策持有比较保守的态度，导致其将自己的课程决策悬置。其实，教师课程决策是一个发挥教师个体能动性的过程，其自身也会随着课程决策活动的开展不断进行自主建构。在核心素养背景下，教师个体通过与学生、其他教师、专家之间的交流互动，对相关问题进行分析与决策。教师个体的社会资本实则为教师课程决策提供了有利的资源条件，促进着课程决策的发展与创新。

第二节　关系因素：互动关系作为教师课程决策的结构系统

在社会学看来，"社会位置"和"社会角色"是与社会结构构成最密切相关的两个概念。位置是指处于关系网络中同等地位的个体所形成的集合体。角色是指存在于两个行动者或两个位置之间的关系模式。角色是关系的结合形式，同时它不仅是指简单的位置关系，也涉及整个网络中不同层次的关系，如个体行动者、行动者的集合以及整个网络层次。② 因此，在教师课程决策这一特殊的"网络结构"中，对于教师课程决策运行过程的解释可以借助对"角色"与"位置"的分析描述，来明确各主体（课程专家、管理者、教师、学生等）之间的关系模式。互动是基于行为的关系，其经常发生在社会关系的情境中。换言之，互动是连接"网络结构"中各主体（课程专家、管理者、教师、学生等）之间关系的桥梁，

---

① 王天平：《论课程政策在执行中的改变》，《教育研究与实验》2013 年第 3 期。
② 林聚任：《社会网络分析：理论、方法与应用》，北京师范大学出版社 2009 年版，第156页。

各互动关系的交织构成了各主体互动的基本结构。在核心素养背景下,位置之间的连接、网络结构中的强弱关系影响着教师课程决策的实现,并最终影响核心素养的落实。

一 位置关系影响教师课程决策的分配

社会位置和社会角色是构成社会结构的重要概念。位置是指具有类似社会活动关系的行动者的集体。角色指的是关系结合形式,这不是一种简单的位置关系,而是涉及整个网络中不同层次的关系。[①] 安东尼·吉登斯(Anthony Giddens)认为"位置"可代替"角色",人们给某种情境指定一个位置,或者是"在特权和义务的范围内操作情境的社会身份",他们在互相定位中做出行动。[②] 行动者把身体摆在一定的位置,声明特权,强调义务。在社会网络结构中行动者之间并不是平等的,有的处于中心位置,有的处于边缘位置。角色个体在其社会网络中具有的权力与其所依赖的位置关系有关。在教师课程决策中,教师个体所处的网络位置各不相同,其在课程决策信息占有方面存在多与少的差异,这在一定程度上影响着教师课程决策的分配。一方面,教师个体所处位置之间的沟通频次,影响到教师课程决策的发生与维持;另一方面,教师是否处于中心位置,将会影响其拥有怎样的课程决策。

(一)位置高低影响教师课程决策的权力等级

在教师课程决策网络中,教师之间的关系并不平等,有的处于高位置,有的处于低位置,这就使得他们在资源与信息等方面存在差别。这些差别主要体现在权力等级方面。

1. 教师在网络中的低位置,预示着拥有较弱的权威

在教师课程决策网络中,普通教师是最没有权力的底层阶级,他们只能被动地听从于管理者、课程专家和教材编写者的指挥,而自己的想法被视为无关紧要,这也就使得教师自己毫无专业形象可言。[③] 普通教师通常

[①] 林聚任:《社会网络分析:理论、方法与应用》,北京师范大学出版社2009年版,第156页。

[②] [美]乔纳森·H. 特纳:《社会学理论的结构》,邱泽奇、张茂元等译,华夏出版社2006年版,第460页。

[③] 瞿葆奎主编:《教育学文集:教育与教育学》,人民教育出版社1993年版,第554页。

处于决策网络的底层，由学校管理者决定他们以何种方式将学生的学习科目组织起来。而这些所谓的课程开发者却对每个教师所在班级学生的具体情况一无所知。① 教师往往对课程设计没有较多的参与，仅仅是听从学校管理者的判断。在教学实践过程中，当教师对课程的设计和执行产生不同理解时，他们往往选择按照学校管理者的思路或方式解决问题。学校管理者也多以教师没有研制和建构课程的经验与能力为由，不愿放弃自己的课程决策。与核心素养相关的课程决策主要是听领导的意见，研究课程改革的任务一般都由教务部门的领导、教研主任承担，教师很难按照自己的意愿调整课程决策。这在某种程度上降低了教师对课程决策所需承担的责任，弱化了教师在课程决策中的地位。作为教育实践者的教师往往被排斥在决策的大门之外，很少有机会参与其中。教学一线的教师总是习惯于让他人来定义自己的专业和规范自己的行为，较多地依靠上级管理者的要求及决策，因而是被动听从国家政策或学校安排的权力服从者。作为课程实施的实践者，教师更多地局限在参与的层面，对于学校内部的课程与教学事务没有最终的话语权。在这样的网络关系影响下，本应作为支撑力量的管理者却基于权威话语权主导，而制约着教师课程决策的有效运用。课程决策变成了教师的等级划分，使其丧失了对课程决策的话语权，使得核心素养难以在具体的教学实践中落实。

2. 教师在网络中的高位置，意味着拥有较高的权力

高位置、高权力可为教师提供真实的课程信息及其控制的机会。拥有较高权威的教师可以与学校管理者进行沟通，成为学校管理者、其他教师与学生沟通的桥梁，也有机会接触其他学科的教师，扩大自己的关系规模。同时，当教师占据有利位置时，有利于持续优化自身的结构视野，建立更加丰富的社会网络。教师课程决策既是外部政策赋予的权力，也是学校内部权力分配的结果。因此，学校需要明确教师课程决策的范围，制定教师课程决策清单，合理配置学校权力。在核心素养背景下，教师是课程决策的主体之一。学校适当赋权于教师使其成为课程决策的主导者，有助于核心素养的落实，同时也能促使学校不断进步。但实际上，课程决策主

---

① ［美］约翰·D. 布兰思福特等编著：《人是如何学习的：大脑、心理、经验及学校 扩展版》，程可拉、孙亚玲、王旭卿译，华东师范大学出版社2013年版，第40页。

要是学校领导、教研主任、学科组长的专属品,其他普通教师无法获得相关权力。此外,从职称和行政职务来看,教师的职称和行政职务越高,意味着拥有越高的身份和越好的待遇。学校领导经常会把外出学习的机会、荣誉称号等资源优先给予这些教师。其他普通教师将会缺少外出交流以及获得赞赏的机会,这造成了不公平的现象,同时使决策网络高位者的地位不断得到巩固。

(二)位置之间的联结影响教师课程决策的信息流通

"社会结构是由一定的社会位置组成的,它们不仅仅是分化了的,而且也是相互关联的,故而彼此不相关的位置就不能构成一个连贯的社会结构。"[1] 教师个体之间的位置不是分割的,而是相互联系的。课程信息正是借助这些位置之间的联结进行信息流通,维持教师课程决策的运行。从教师的位置联结程度来看,教师的网络位置与其他课程决策主体所处的网络位置的联结有粗细之分,这影响着教师之间的信息交流。

1. 教师的网络结构中心度与课程决策信息交流质量有关

中心度是行动者在社会网络结构中的位置或优势的差异。[2] 教师是课程决策的核心主体,参与课程决策是教师的权力,是教师职业角色和专业发展的内在需求。[3] 作为核心的教师具有较高的中心度,比其他普通教师有更多可联系的行动者(课程专家、教材专家、学校管理者等),会以更有利的地位来获取高质量的课程决策信息。教师能够与不同等级的主体进行有效联系,意味着其可以获得网络结构中更多的资源,也具有更大的处理各种课程问题的优势。教师之间的沟通是有方向的,可分为平行沟通和上下级沟通,在这两种沟通中,沟通者之间蕴含着不同等级关系。[4] 无论哪种类型的沟通,都与教师所扮演的角色和所处的地位有很大关系。教师处于决策网络的中心,与他人建立一种温暖、信任、通情达理、开放

---

[1] [美]彼得·布劳:《不平等和异质性》,王春光、谢圣赞译,中国社会科学出版社1991年版,第10页。
[2] 林聚任:《社会网络分析:理论、方法与应用》,北京师范大学出版社2009年版,第107页。
[3] 闫芳、李平平:《教师:学校课程决策的核心主体》,《教育科学研究》2014年第6期。
[4] 李洪修、熊梅:《组织社会学视域中的学校课程实施》,《社会科学战线》2011年第7期。

性与分享的关系，可以保障教师之间进行高质量的信息交流。如此，学校范围内的沟通才能围绕实质性的内容展开，而不是表面的、不确定的反馈，也不是尽力表现的客气与礼貌。在每个单元的集体讨论会上，除了年级组长和经验丰富的教师，其他教师很少主动发言。这是因为普通教师处于与其他教师联结较少的位置。教师个体具有的中心度越强，就越能够在各种具体的课程决策情境中获取大量的优势信息和资源，使得课程决策有效发生。普通教师往往处于低中心度的位置上，听从于管理者传递的信息，服从于上级的决策结果。学校更多强调的是规范性，要求教师采用统一的教材、授课方式和评价标准等，这就造成了教师获得课程决策的信息比较单一。教师在课程决策网络结构中处于低中心度，也会造成学生与课程的严重背离。

2. 教师网络位置之间的联结密度与课程决策信息交流频次有关

在社会网络中，联结密度关系着整个网络组织中点与点之间联系的紧密程度，进而影响信息交流的频次。在教师课程决策运行中，教师与其他课程专家、学校领导、同事等建立良好的联结，有利于提高教师课程决策信息交流的频次。在核心素养背景下，教师课程决策行为的持续发生与这种紧密联结的网络位置有关。正如加布里埃尔所言，如果教师个体能够在学校与领导、其他教师之间建立并培养起一种积极的、诚信的人际关系，那么他就能够集思广益、激发灵感。①

> WX老师：我们也进行过数学核心素养研讨，领导主要向我们介绍了一下核心素养理念，说我们学校要紧跟教育改革步伐，以后教育教学要关注学生核心素养的培育，然后就让我们老师自己讨论具体的课程方案。部分老师对核心素养了解得不是很多，但是觉得这个理念很值得推广，有经验的老师说一些自己在实际中的经验，这些经验对我落实核心素养的方案有了一些帮助。

在学校的集体研讨中，年级组长或经验丰富的教师与其他教师有着密

---

① [美]约翰·G. 加布里埃尔：《有效的教师领导手册》，王永华、李梅珍译，教育科学出版社2009年版，第5页。

切且高频率的联结，他们之间形成了一个可以进行高频率信息交流的团体，影响着教师对核心素养课程决策的理解。在教师课程决策的运行过程中，教师应与其他主体建立良好的联系以维持课程决策的持续运行。在课堂中，教师与学生要建立起强效的桥梁关系，及时从学生群体中获得信息，做出有利于学生发展的课程决策。在课程研讨会议时，课程专家要与教师建立高密度联结的关系，使其进行高效和高频次的信息交流，这有利于教师把握课程决策的内涵、范围、类型、考核标准和评价体系等，使其对课程决策及其权力范围形成清晰的认识。

二 强弱关系影响教师课程决策的实现

从强弱关系的视角来看，两个人之间的关系越强，他们的社会世界越有可能交叉。他们会与相同的第三方有关系，这是一种传递性（transitivity）。[1] 其中强关系是指行动者之间有相似点，属于同类相吸。弱关系则相反，行动者的相似度不大，属于异质联系。关系形成的深层动因具有内在于其中的传递性，类聚性（homophily）是弱传递（weakly transitive）的。关系由相似性引起，这会导致关系结构中的弱传递。弱关系是桥梁关系，只有弱关系才可能是新信息的最佳来源。行动者拥有的强关系和弱关系会影响到其获得差异化信息的程度。在教师课程决策的过程中，教师所处的社会网络位置不同，意味着其拥有的强关系和弱关系不同，教师课程决策在信息供给和获取方面也就不一样，从而影响教师课程决策的实现。根据网络模式，强弱关系表示社会网络结构节点之间的强、弱连接关系，强关系为同质结构联结，弱关系则为异质结构之间的桥梁。

（一）强关系影响教师课程决策过程中的执行力度

强关系多的社会网络有成团的强局部凝聚性，可以增强内部联系人的互动关联，这表明行动者获得的信息可以被重复强化。教师课程决策中的强关系指有相同特征的个体之间的互动，由于个体间的相似性，使得他们之间的联系更为紧密，如同一科目的教师、同一年级的教师。这些有相同特征的教师可以对课程科目、内容、教学方式以及评价方式等信息进行重

---

[1] ［英］约翰·斯科特、［英］彼得·J. 卡林顿主编：《社会网络分析手册（上卷）》，刘军、刘辉等译，重庆大学出版社2018年版，第57页。

复讨论，形成教师间彼此熟知的、公开的信息。教师获得的信息更类似、更接近，并且更为细致和精准，教师课程决策的行为就更可能发生。

1. 受强关系的影响，同一学科教师构成的团体可提高课程决策的执行效率

强关系在同一学科教师之间的联结中得到强化，他们围绕共同的问题进行探索，明晰执行课程决策的方向，有助于提高课程决策的效率。政策文件对核心素养目标的落实做出了规定性说明，明确了教师在开展课程的过程中需要根据实际情况进行决策。因此，在教师课程决策的过程中，落实核心素养目标应该是一种带有情境性的创造性行动。如果教师只是从核心素养的字面意思进行理解，那么他们的课程决策方案将难以体现核心素养的真正意蕴。同一学科的教师在共同研讨中能够获得落实核心素养的明确方向，这有助于促进核心素养目标的落实。

> LMY老师：我刚入职的时候，学校安排了师徒结对活动，李老师成了我的导师，她有25年的教龄，教学经验十分丰富，在数学教学方面遇到拿不定主意的问题，我都会向李老师请教，她也很乐意指导我。平时李老师也会向我传授一些她的教学经验。近年来，学校开展核心素养的课程改革，我和李老师都在一起研究如何在课堂上落实核心素养，也会一起讨论课堂上遇到的问题，共同商量解决的方案。我感觉师徒结对的活动对于落实核心素养还是挺有用的。

LMY老师与李老师的师徒关系构成了强关系团体，她们会交流关于落实核心素养目标的经验，共同进行基于核心素养的课程决策，推动了信息的双向流通。这为她们各自提供了大量有用的信息。在强关系中，教师个体之间对相同课程决策内容进行谈论，能够帮助他们建立对课程决策的清晰定位，从而有效地执行课程决策。

> XYX老师：遇到上新课的时候，我们年级组的老师都会一起集体备课，我们主要探讨的是在课程目标、课程内容、课程评价、学生表现方面如何体现核心素养，以及核心素养如何能够具有可操作性。在备课的过程中，一些老师参加相关培训，或者去校外观摩后，他们

都会积极发言提供自己的意见,这些意见都非常有用。

Z 市 M 小学的四位老师都是小学二年级的数学老师,她们之间构成了强关系。在平时教学和集体备课中,这四位数学老师围绕以数学核心素养为主题的课程决策展开详细深入的讨论,逐渐摸索落实数学核心素养的课程决策的思路。因此,受到强关系的影响,教师会加深对核心素养相关文件政策和课程理念的了解,使自身参与到"政策解读""课改动态""课程审议"等活动中去,推动核心素养目标的落实。

2. 受强关系的影响,同一学科教师之间的评价可修正课程决策的执行方案

强关系是指教师把自己的世界与课程有机结合,在相关的领域表达自己的见解,推动核心素养的落实。在强关系构成的局部团体内,教师之间对课程决策执行的方式、内容等进行评价,能够修正课程决策的执行方案。教师也从被迫状态转变为积极主动地参与课程决策的状态,形成有关课程决策的自主和自律意识。

> XYX 老师:学校积极开展核心素养的课程改革,要求每位老师认真贯彻核心素养目标。为了达到这个目标,我们二年组的数学老师基本每个月都开展说课评课活动,这几天会轮流到 1—2 班听数学课,课后我们会聚在一起讨论老师的上课情况,主要围绕是否有涉及核心素养、老师怎么引导学生开展数学活动、是否关注学生的需要等问题进行。这种活动还挺累的,但是感觉还是有效果的,我们渐渐懂得如何将数学核心素养与教学联系起来,也明白自己的不足,可以慢慢改进。

同一学科教师对课程决策的执行活动进行讨论,是为了评价教师执行课程决策的状况,从而有针对性地提出建议并进行改进。XYX 老师、LMY 老师、LYY 老师和 WX 老师等二年级数学组的老师在一起进行说课评课,获得落实数学核心素养的评价与反馈,为他们进行课程决策提供了有用的信息。在教师课程决策的过程中,同一学科教师之间联系密切、时常反馈。因此,同一学科教师之间的互评能够帮助教师不断修正课程决策

的执行方案，以推动核心素养目标的实现。

(二) 弱关系影响教师课程决策过程中主体间的沟通

与强关系不同的是，弱关系多的社会网络拥有较强的整体凝聚性，有助于社区层次上的组织活动。① 弱关系是连接不同群体之间的桥梁，有利于主体获得多元化的信息，扩大活动范围。

1. 弱关系支撑教师课程决策中多元主体之间的沟通

教师课程决策中的弱关系指的是教师与不同群体都有交流，教师可以从中获得更多新信息，可以有效提高教师课程决策的质量。行动者拥有的弱关系越多，越可以更好地获得新思想与完成工作。

> LMY老师：我是一个刚入职不久的新老师，认识的人比较少，也很少有机会出去培训或交流学习，都是和李老师（LMY老师的导师）交流比较多，我的一些教学方式都是从李老师那里学来的，还挺有效果。近几年来，学校开展核心素养的课程改革，需要获得较多的信息，李老师也刚接触核心素养不久，也不清楚如何开展教学才比较有效，也不能提供更多信息，我们都是一起摸索。

LMY老师基本都是与李老师进行交流，认为这种经验性的指导十分有效。但是，LMY老师与李老师之间是一种单一线性的信息流通关系，弱化了自己的课程决策权力。教师自身所拥有的课程决策权力是多样化的，而不是固化为某一单项的课程决策，教师应针对不同的场合选择并使用不同的课程权力。从教师课程决策本身来看，教师具备一定的课程决策权、课程设计权和课程开发权等。② 在课堂上，选择并使用课程选择权；在教材上，选择并使用课程开发权；在课程上，选择并使用课程设计权；等等。教师的各种课程决策是有机联系的，共同对课程产生作用以促进学生发展。教师课程决策网络实质上是一个异质性网络结构，每个人拥有独

---

① ［英］约翰·斯科特、［英］彼得·J. 卡林顿主编：《社会网络分析手册（上卷）》，刘军、刘辉等译，重庆大学出版社2018年版，第59页。

② 王威、温恒福：《论新课程背景下教师课程权力与赋予策略》，《教育探索》2012年第5期。

立的信息，教师想要把各种课程决策有机联系起来，必须加强与不同群体的联系。具体而言，教师之间的弱关系包括三方面。一是从学校立场出发，教师与学校管理者和其他成员进行交流，对学校办学理念、学校课程设计提出见解和意见。教师充分了体现学校"主人翁"角色，能够与学校决策者进行沟通交流，制定出符合学校特色和传统的决策。二是从教师群体立场出发，教师共同进行课程理念的设计，安排各学科的课时，分析学校课程的特点。教师之间要积极组织或参与团队合作，通过交流和合作维持课程决策的发展。这既保障了学校课程设计的合理性，也促进了教师群体的专业发展。三是从学生立场出发，教师与学生建立良好的联结，对课程目标制定、课程内容选择、执行课程计划、课程评价等具体环节进行合理决策。

2. 弱关系通过多元主体对话的形式促成教师课程决策

异质主体的对话作为教师课程决策运行的精神内核，能够在教师课程决策冲突中产生不同情感、价值观或课程思想与理念的碰撞下，生成多方面、多层次的"敞开"和"接纳"样态。多元主体之间的平等对话使教师发出真实、有力的声音，也让教师更加适应以核心素养为主线的课程改革趋势。从弱关系的角度来看，教师课程决策的实现离不开交往对话的手段。在教师课程决策过程中，不同群体之间的沟通与对话能有效调动各个课程决策主体的积极性，形成头脑风暴，促成教师课程决策的实现。但需要注意的是，这种对话应该让课程决策主体通过平等的语言交流的方式进行讨论或商榷，实现平等的心灵沟通。在学校中，教师与课程专家及学生三者之间的新型关系，能够推动权责分明、主动作为、互相协调的话语体系的建立。对话要求既承认课程决策主体间的共通性，又承认各课程决策主体间的差异性，以同等体认代替规训话语，以折中思路代替思维惯习，是化表面服从为深层理解、变等级差异为平等沟通的有效方式。

第三节　组织因素：学校组织作为教师课程决策的微观环境

从社会学的角度来看，人被看作一个角色或组织人，他的行为表现与组织的存在息息相关。教师课程决策是在特定的学校组织结构之下持续发生的复杂过程。我们不能简单地将教师课程决策视为一种教师运用课程决策解决课程问题的过程，而应将其视为在一个不断得到重组的、象征的、文化色彩丰富的微观环境中运行的过程。因此，组织是影响教师课程决策的微观环境，能够对教师课程决策行为进行制衡与监管，进而影响核心素养的落地。

一 组织结构影响教师课程决策的效果

组织被看作一个社会体的结构。在组织结构中，由于人们处于不同的组织地位或位置，其在组织中占有的资源、权力机会是不相同的。学校组织结构与教师的工作职责、工作范围和学校各科室之间的关系对接，影响着教师课程决策的效果。

（一）显性结构影响教师课程决策的集体凝聚力

教师课程决策的结果来自在教师共同参与基础上对课程的理解，集体决策对教师起到引导和支持的作用，使教师将课程决策内化为自己的行为。因此，教师课程决策以教师合作为前提。事实上，中小学校较多采用科层组织结构，这种组织结构容易导致教师之间形成严格的等级，影响教师参与课程决策的集体凝聚力。教师课程决策的科层组织结构直接影响教师在课程决策集体研讨中的积极性。[1] 很多教师抱怨课程决策遵循自上而下的"中心—外围"式决策机制，即学校领导控制教师课程决策的方向，掌握着学校发展方向和学校课程设置、教育科研的开展等多重权力。教师共同参与课程决策的审议过程主要取决于组长或者权力拥有者扮演怎样的角色，以及怎样激发、组织每位教师的想法。

> LMY 老师：学校近年来也开展了很多集体备课，那学校课程决策的制度应该也不会咨询我吧，而且我对核心素养也是一知半解。其实，有关学校管理的制度、课程决策的制度等等，我也不是很懂。每个学校都会有自己与众不同的制度吧，我觉得一般都是校长制定的，我们这些普通老师肯定没有资格给学校提意见，我们的很多信息都是年级主任或者学科组长传达给我们，每次有新的规定出来，我们都得

---

[1] 靳玉乐：《校本课程的实施：经验、问题与对策》，《教育研究》2001 年第 9 期。

好好学一遍，怕理解错了，做不好。学校都不会询问 XYX 老师的意见，那我们就更没有资格啦。

在集体备课中，学校领导者掌控着整个集体的决策方向，使得普通教师"没有资格给学校提意见"；也影响着其他教师对课程决策权力的行使，使其他教师不能自由地表达关于课程决策方案的想法和意见。如 LMY 老师提到，"我们的很多信息都是年级主任或者学科组长传达给我们……学校都不会询问 XYX 老师的意见，那我们就更没有资格啦"。在集体进行课程决策时，学校领导者凭借自身的行政职务影响着教师对核心素养的理解，普通教师则不能或不敢发出个人声音，只能附和学校领导者的要求。

（二）隐性结构影响教师课程决策的个体自主性

教师课程决策除了受到学校中显性结构的影响，也受到学校中隐性结构的制约。隐性结构渗透在教师课程决策中，束缚着教师的话语表达。在学校中，隐性结构主要通过教师之间的隐性规则表现出来。一个教师群体中总会存在具有较高声望、占据高地位的骨干教师，他们在一定程度上决定着学校成员对核心素养的理解与执行课程决策的自主性。学科带头人给予青年教师更多参与课程决策的机会（比如集体探讨、外出学习），在此基础上青年教师可以获得更大且稳定的发展空间，而且能够积极地执行课程决策。教师会因为资历、经验的不同而存在不同群体之间的分层和规约。经验教师已经懂得教学的一般程序，期望在教研方面获得更深入的研讨。初任教师则缺乏课程实践知识，希望获得更多将核心素养转化为课程的操作体系知识。因而，教研对他们只具有辅导意义。在集体课程决策的过程中，教师之间的隐性结构限制了年轻教师对核心素养课程决策方案的思考。

LMY 老师：在集体备课中，年轻老师基本不发言，有时候觉得经验丰富的教师对于核心素养的理解与自己不同，但是由于经验丰富的教师在课堂教学、管理学生、规划课程比较优秀，仍然认为他们给出的方案是比较有效的。

由于经验丰富的老教师掌握课程决策的话语权,因而年轻教师难以在集体决策中表达自己的想法。在教师课程决策的实践中,尽管年轻教师在课程改革中最具创新性想法,但是最终还是需要听从老教师的意见,未能执行自己所需要的课程决策。初任教师几乎不愿意提出自己的质疑,他们依附于经验教师的话语,远离了课程世界里自己的话语方式。① 因此,隐性结构影响教师表达内心的话语,忽视了教师课程决策个体需求的差异性。在隐性结构中,经验丰富的老教师已经"定型",他们对课程决策有自己的见解,已然形成了教学权威,不仅不会惧怕和接受其他教师的评价,而且会约束他人,并最终影响核心素养的落实。

二 组织制度影响教师课程决策的执行

制度是寓于组织结构中的控制性的规范和标准,包含认知、规范、控制三个方面的建构和活动。组织制度包含一系列的目标、规则、价值观和信念,这些因素支配着组织成员的思维方式和行为方式,使其在处理组织人际关系和维系自身发展时持有一定的判断标准和价值认同。组织制度是为了增进组织内生活的秩序性,维持组织的良好运行而建构的。公共性是组织制度的基本特征,它是衡量组织制度的重要价值标准,学校公共生活中的制度需要强化公共性价值。组织制度一旦建构起来,组织内部的所有成员均应遵守,它是教师课程决策运行的需要,通过调节与规约教师执行课程决策的行为,从而保障教师课程决策的顺利运行。

(一) 组织制度保障教师课程决策的公共性

组织制度在制定和执行课程决策的过程中,体现出的是一种处理组织人际关系和维护自身发展而形成的公共规约,以及协调成员关系的行为。教师课程决策受到诸多成员、关系等复杂交错的因素影响,这些因素在相互运作与联结的过程中,所表现出来的利益冲突、非理性行为容易造成教师出现不合理的课程决策行为。

在集体讨论中,组织制度如果没有体现公共性,就无法对教师课程决策行为进行很好的规约。教师课程决策要依据组织制度建立公共规约,以

---

① 胡小桃:《高职教师课程权力的境遇及其僭越研究》,博士学位论文,湖南师范大学,2016年。

此来协调教师的决策行为。组织制度保障教师课程决策的公共性，确保所有教师都能参与到决策制定的过程中，协调教师之间复杂的利益关系。组织制度汇聚教师的意见和建议，能使教师在思维、行为上自觉遵守并践行公共规约，在这个过程中，教师课程决策的公共性、合法性能够得到重塑。在公共规约制衡机制下，学校领导、课程专家、教师以及其他课程决策参与者各司其职，使各自的权益达到一个均衡的状态，从而形成一种较和谐的关系。在核心素养背景下，学校要健全各个部门的教师课程决策管理监督机制，坚持规范先行、制度引路、分步推进、先补短板等基本准则，充分发挥组织制度在落实核心素养中的引领性作用，从而切实引导教师有限度、有规约地行使课程权力。

（二）组织制度的公共性影响教师课程决策的合理性

组织制度的公共性可以监控与规范教师，使其遵循课程决策的公共规则，确保其做出合理的课程决策。在学校组织中，教师课程决策的复杂性与非线性决定了教师需要在具体的、不同的情境中做出判断与选择。教师课程决策离不开制度的规约，仅仅靠共同的目标来维护教师课程决策的存续远远不够。学校制定的规范有利于化解全体师生之间的价值冲突，保障核心素养的落实。换言之，组织制度的公共性既是对个人利己行为的规约，也是对公共利益的保护。组织制度的公共性规约着教师执行课程决策的行为，确保教师做出合理的课程决策。

> LYY 教师：我们也会开发一些观摩课，老师们聚在一起磨课，一般这样的课大家在研讨的过程中也是能学习到东西的，呈现的内容也一般比较具有借鉴意义。但是我们班里孩子多，年龄又小，基础差别比较大，所以我们班的孩子并不太适合，我也只能部分按照磨课的集体决策结果上课。

教师课程决策涉及价值、利益、关系等因素，是一个异质主体共同参与的活动。在课程决策过程中，教师为了减轻自己的负担、降低决策成本，会在集体决策的过程中出现"搭便车"的行为。在复杂的决策环境、环节、活动等诸多因素的影响下，教师个体期望降低决策成本的动机会使核心素养目标偏离，进而做出不合理的课程决策。因此，教师作为具有自主性和能动性的行动者，需要借助学校的公共理性来约束个人表达诸多意图、动机和偏好的行为选择，以维持教师课程决策的秩序。

三 组织文化影响教师课程决策的变革

组织文化是一个由价值观、符号、处事方式等组成的特有的文化形象。组织制度以刚性的样态捍卫组织正常运行，当刚性的组织制度被组织成员认同并由外在规范转化为内在规范时，组织成员的思维方式和行为方式就会趋同，组织文化就形成了。[①] 在学校中，组织文化是学校的"魂"，是推动学校发展的不竭动力。教师课程决策在一定组织文化的影响下运行，约束着教师课程决策的执行方式，如常规执行、决策创新、政策规避。教师课程决策的变革与学校所形成的组织文化有着密切联系。

（一）组织文化是教师课程决策的创生背景

教师执行课程决策的过程中，从表面上看是教师的个体行为，实际上是教师在具体情境中受环境和周围群体文化特征的影响所做出的决策。[②] 学校形成的组织文化，能够对教师的各方面产生影响，包括教师对课程决策的认识、理解与执行。在核心素养背景下，教师课程决策是一个让核心素养目标被理解、接受、内化以及落实于课程的过程。教师要成为一名积极的变革者，转变先前以知识为中心的课程决策行为。组织文化则是教师执行课程决策的"舒适地带"，将核心素养这一目标置于一个可控范围内，能够调整教师已有的观念体系和行为方式，落实核心素养的相关课程决策。在教师课程决策的运行中，组织文化能够指示教师哪些行为是合理的、正常的、能做的。

长期以来，学校内部实行层级分明的行政化管理模式，学校在内部规章制度、教学事务和课程等方面的决策权都集中掌握在校长及行政部门人员的手中，导致学校的组织文化缺少和谐、平等的氛围。学校往往根据管理者制定的详细管理制度来规范和约束教师的课程行为，这种独裁型的组织文化不利于教师课程决策的创生。学校应为教师提供民主

---

① 易丽：《文化生成：营造学校发展"新生态"》，江苏教育出版社2011年版，第118页。
② 李水霞、熊梅：《新课程下教师课程决策的变革》，《东北师范大学学报》（哲学社会科学版）2014年第1期。

的、公平的、合作的组织文化，促成以学生核心素养发展为核心的课程改革。

（二）组织文化影响着教师课程决策在执行中的抉择

在教师课程决策执行过程中，即使教师忠实地执行，课程决策结果与预期效果之间也会存在一些细微的差异。在集体备课中形成的课程方案，到了教师实际执行时就会产生差异。在一定程度上，这种差异是由教师在执行课程决策过程中造成的。组织文化作为教师课程决策运行的环境支持，从多角度、多层面对课程决策行为产生连续不断的影响，一开始组织文化对教师来说是一种"规约"，但是经历长期的文化适应，教师逐渐内化的组织文化意识会引导教师课程决策的发展与创新。

> XYX老师：我在学校工作很多年，从来没有参与过学校关于课程决策的制定过程，这次关于核心素养的课程决策制度，我也没参与。学校也不会询问我们的意见，校长带领一些学校的领导层开会就决定了，我们按照他们定好的去执行就行了。过多的领导层的事，我们也不关心。年级主任会传达给我们很多关于核心素养的信息，我们学科组就会坐在一起讨论一下，看看怎么才能做好。关于核心素养的知识，我本身了解的也不多，在这个大背景下，学校制定的课程决策制度应该会有一定的道理，我们还是照着做比较好，我们也没什么意见。

在学校中，组织文化以无形的价值在学校诸多领域体现出来，"它提供了一种固定的思想和行动范型"。① 因此，组织文化是促使教师做出课程决策抉择的重要影响因素。教师课程决策要避免消极改变，如教师需要进一步明确，利用课程决策是获取自身的利益还是积极追求改变。教师在执行课程决策的过程中是否能够兼顾个体利益和集体利益，很明显会受到组织文化的影响。实际上，教师往往会为了维护自己的利益在课程决策中采取消极的态度。学校组织文化弥漫的若是附庸权威的氛围，那么教师课程决策往往会朝着消极的方向变化，阻碍教师课程决策的创新与发展。组

---

① ［美］伊恩·罗伯逊：《社会学》，黄育馥译，商务印书馆1990年版，第109页。

织文化通过制度本身的规约对教师的思想和行为起着规范和引导的作用，为教师提供必要的思想与行动准则。因此，在学校组织中，教师执行课程决策的行为始终会受到组织文化的影响，致使其改变对课程决策的认知和行为。

第五章

核心素养背景下教师课程决策的实现路径

第一节 在知识建构中实现教师课程决策

教师课程决策必须关注社会中所有被当作"知识"的事物。① 在知识经济与核心素养的双重时代背景下,培养学生适应时代发展的核心素养是学校课程与教学的目标。在此过程中,教师应该以知识分子的身份担起课程知识开发者和决策者的重任,充分行使自身的课程决策权,基于核心素养进行课程知识建构。

一 赋予教师课程决策权,促成知识向普遍性转变

阿普尔认为,文本的意义及其使用是那些具有截然不同价值取向的团体之间斗争的结果,当然这其中也包括教师。不同权力主体之间的相互斗争使官方知识成为一种妥协的、折中的知识,因此知识的控制性达到了一种内在的平衡。不同主体一起建构社会知识,强调权力的分散性,让国家、地方、学校一起参与到课程知识建构过程中去。② 所以,课程知识的选择与应用需要多元权力主体的参与,进而促成知识精英化向大众化的转变,以培育学生核心素养。教师课程决策权的创生过程就是教师将课程文

---

① [美]彼得·L.伯格、[美]托马斯·卢克曼:《现实的社会建构:知识社会学论纲》,吴肃然译,北京大学出版社2019年版,第17—19页。
② 杨跃:《教师教育改革阻抗的社会学分析》,《湖南师范大学教育科学学报》2007年第3期。

本意义重构的过程，同时也是课程知识权力普遍化的过程。

(一) 赋予教师课程知识话语权，创设知识话语空间

首先，鼓励教师参与课程知识的创生过程，尊重教师的课程决策。权力是生成话语的重要条件，所有话语或文本并非只是表层意义，而是在一个时代的制度场景中被社会建构的。在核心素养背景下，教师课程决策聚焦于学生必备品格和关键能力的养成。那么，在课程决策的过程中，必然要赋予教师一定的知识话语权。教师参与课程决策的全过程，能够将抽象的知识具体化，将教科书中的知识符号转化为学生需要达成的素养。如果教师的课程知识话语权被悬置，可能会使课程决策陷入被异化的断层状态，无法实现知识向素养的转化。

其次，为教师创设充足的知识话语空间，确保教师的课程决策顺利进行。"话语"有很多种解释，主要是指"针对某一主题或目标的谈论方式。例如，口语、文字及其他的表达方式"①，一般可以概括为说话、讲演、论述、叙说等方面。教师应当作为"知识人"，而不是一个知识的"旁观者"，其需要积极参与到基于学生核心素养的知识重塑过程中。为教师创设知识话语空间，也就意味着教师课程决策是一个以公共知识为中介的个体性活动。在核心素养背景下，教师可以创造性地选择、加工知识，使课程知识不仅彰显国家意志，也可以体现教师作为课程主体的个性化特征。因此，学校要鼓励教师积极主动地参与到核心素养的知识选择过程中去，拥有课程知识的自主权，使教师在课程决策的话语体系中发挥积极作用。

(二) 赋予教师课程知识选择权，促使知识价值普遍化

首先，教师课程决策需要获得课程知识的选择权。教师对学校知识的解释，是建立在知识社会建构的基础之上的。知识在教育教学中的传播既不是绝对的，也不是随意的，而是依赖于"遵照话语的目的或者追究者的意图进行协商和选择"的某种"规则"。② 教师课程决策所强调的就是

---

① [英] 诺曼·费尔克拉夫：《话语与社会变迁》，殷晓蓉译，华夏出版社 2003 年版，第 123 页。

② 王占魁：《阿普尔批判教育研究的理论来源》，《华东师范大学学报》(教育科学版) 2012 年第 2 期。

要对知识进行各学科、各学段核心素养的分析，明确全体学生应具备的适应终身发展和社会发展需要的必备品格和关键能力。国家与教育行政部门作为顶层设计的"知识人"，掌握着中国当前课程知识的主导权，负责统筹现有课程知识的组织、加工与再造等。为使课程知识从精英化走向基于核心素养的大众化，尤其是教师要进入课程决策的场域，并进行相互交流与合作。

其次，教师需要对课程知识进行识别和选择，促进知识价值向普遍化转变。课程体现了一种或数种原则，根据这些原则，某些知识就被赋予了不同的地位。不同利益相关者需要共同参与到课程知识的选择过程中，表达他们对于知识的不同价值取向。在核心素养背景下，课程知识想要从精英化走向大众化，那么设计课程体系的各种力量都要进行交流与合作。为了打破知识的等级性和封闭性，学校就必须要让教师群体参与到知识的拣选与创造过程中去。在核心素养背景下，课程知识的选择过程应广泛吸纳多种声音，赋予教师课程知识选择的权力，并鼓励教师积极与社会各阶层合作，筛选出能够促进学生核心素养发展的知识，进一步推动知识价值的普适性。教师课程决策的过程，从一定意义上来说是知识选择的过程。因而，只有最大限度地保护学校、教师和社会各个阶层的合法利益，经过个体对知识的能动加工、主动建构，才能确保课程知识的大众化转变，实现学生核心素养的生成。[①]

二 加强教师的课程知识理解，提升课程决策素养

核心素养背景下教师对知识的认识与对教育的认知是无法分离的。[②]知识社会学对知识的探讨，有效地转变了我们对于课程知识持有的客观中立、价值中立及道德中立等看法。课程知识以符号表征的形式，与学生核心素养相融合，其最鲜明的价值意蕴体现在学科内容和问题之中。教师课程决策应该尊重课程知识的特性，理性考量课程知识与核心素养之间的关系。核心素养背景下，理解课程知识的本质在于使知识与素养进行融合、

---

① 葛春、费秀芬：《新课程实施中农村教师的"日常反抗"——基于社会学的研究视角》，《教育发展研究》2009年第4期。

② 瞿葆奎主编：《教育学文集：智育》，人民教育出版社1993年版，第84页。

转化，从而产生新的意义。课程知识理解属于教师课程决策的社会意识范畴，也是教师应具备的基本专业素养。所以，如何理解课程知识是教师课程决策的关键问题之一。

（一）形成教师课程知识的理解意识

首先，教师要对知识的组织与传递有一个清晰的认知。知识不会直接地从国家课程变为教师自身的知识，它需要教师不断地理解以及创造来完成核心素养的塑造。[①] 教师对课程知识的理解不应该只是对课程文本的简单描述，或者将课程知识客体化；还应该在整体把握课程知识原意的基础上，融入自身的生活经验和知识经验。教师根据自身对课程知识的理解，对课程内容进行个性化解读，并赋予其核心素养的意义。因此，教师形成课程知识理解的意识，是教师课程决策的关键之一。

其次，教师通过对课程知识的理解加工，生成有利于发展核心素养的课程知识。在核心素养背景下，教师对课程的理解体现为对核心素养知识及其实践意蕴的理解。因此，培养教师课程知识理解的意识，对于优化教师的课程决策素养具有重要意义。教师课程知识理解意识的塑造就是教师对知识的反复认知，也是教师对课程知识的前意识和反思的结合，其在形式上就是一种对知识加工的意识。教师应当以已有的知识经验为基础来理解核心素养背景下的课程知识。教师在进行课程决策时，需要应对知识固有的分类和架构造成的知识抽象以及封闭的问题。对课程知识进行组织与加工时，应加深对于课程知识与核心素养关联性、融合性的理解，提高其对核心素养的敏感度，探索如何化知识为素养，从而强化课程决策意识。

（二）提升教师课程知识的理解能力

首先，教师要自觉对知识的创造过程进行反思。"反思"强调对自己的行为方式进行反省和总结，这是教师提升课程知识理解能力的重要过程。同时，反思过程可以帮助教师始终保持一种理性的状态，不断深入探究课程知识理论与生活实践之间的关系。在核心素养背景下，教师对课程知识的建构过程具有动态生成性。因此，教师应提升自身对课程知识的理解能力，主动对所教知识进行反思，促使教师个体经验与课程知识深度融

[①] ［美］迈克尔·W. 阿普尔等编：《被压迫者的声音》，罗燕译，华东师范大学出版社2008年版，第29页。

合，并赋予课程知识核心素养的意义。事实上，教师课程知识理解能力的提升是一个循序渐进的过程。它会随着教师个人的课程与教学经验的积累，以及对核心素养的认识而不断深化。因此，教师在对课程知识深入理解的过程中，也会相应地提升自身的理解能力。

其次，教师还需将对课程知识的理解意识与理解能力结合起来。随着社会的发展变化，社会建构之下的课程意义也会因时代和个人的理解能力而发生改变。课程的真正意义具有开放性，它存在于理解者的不断解释之中。① 可见，教师不应该是课程决策的旁观者，而应该是置身于课程场域的参与者。迈克尔·富兰（Michael Fullan）认为，理解力的变革是实现持久改革的基础。但教师在面临变革的情境下缺乏实践或维持新的实践所需要的理解力。② 所以，教师课程知识的理解力对教师课程决策至关重要。教师课程知识的理解能力，是教师在自身知识经验的基础上，解读课程知识、核心素养以及将二者进行关联的能力。因此，教师课程知识的理解能力是化知识为核心素养的关键要素。在课程决策的过程中，教师将自身已有的知识融入核心素养的思维框架之中，通过主动对课程进行改造，努力建立知识与核心素养的内在生成性，从而形成自身的课程决策思维。

三　统筹知识的内在联系，建构课程知识统整格局

（一）统筹不同类型的课程知识的深层价值联系

社会学在知识领域关注的焦点是知识生产（研究）、知识获得（教和学）的集合符码，以及它们与所处的同外部社会变化之间的关系。知识的理解与生产总是处于一定的社会情境之中，知识也出此具有境遇性、价值性等。学校课程知识随着时代的变化被赋予新的意义，教师课程决策也相应地发生了变革，即教师要从课程知识的忠实执行者转变为课程知识的统整实践者。知识统整实践作为"一种思维方式，它告诉我们实践工作者不仅是课程研究的消费者，也是生产者；它还是一种实践，其中被研究

---

① 孙宽宁：《课程理解的理想与现实》，山东人民出版社2010年版，第7页。
② ［加］迈克尔·富兰：《教育变革的新意义》，武云斐译，华东师范大学出版社2010年版，第46页。

的实践和研究该实践过程之间没有明显的区别"①。在核心素养导向下，教师需要建构课程知识统整的格局，突破学科知识之间的界限，从而使学科知识与核心交叉、融合。与此同时，教师与学生也要形成一种对话性格局，将课程知识赋予学生核心素养发展的时代意义，回归学生的生活和经验世界。

教师课程决策应尊重各类知识发展的内在逻辑，将核心素养的目标和要求细化到具体的学科课程之中，使多门课程形成知识统整的格局。在核心素养背景下，教师课程决策要避免将课程知识单向度、切分化地与核心素养机械融合。因此，教师所传递的知识应当是一种有价值的学科话语与意识符号，涉及知识深层的核心素养意义，最终实现核心素养与知识之间的动态耦合与有效转化。教师应该依据知识的分类、组织及架构，将具有同质性、关联性的知识进行统整，将具有核心素养意义的课程知识进行实质性的整合。基于核心素养框架的各学科核心素养集中体现在学科的思想、方法、情感、态度、价值观等各方面。学科核心素养下的教师课程决策是将表层知识隐含的学科本质与思想观念从抽象概念转变为具体实施的过程。② 课堂知识的整合是以教师为主导、学生为主体，将差异知识转化成同构的、共享的规范知识的过程，通过学科知识与学科核心素养的深度融合来规避教学实践中核心素养的空洞、泛化等问题，推进课程知识中核心素养的多样化呈现。这有利于使学科课程构建成知识与素养彼此关联的意义整体。

（二）推进课程知识与核心素养的系统性设计

课程知识与核心素养的系统性是指，课程知识内容在目标与价值理念上与教科书的开发、核心素养整体目标的规划、评价标准的制定等内容保持高度的一致性。英国教育社会学者麦克·扬曾经提出过"强有力的知识"，现代社会中强有力的知识集中表现为专门化的知识，这些知识能够为学生提供更多的机会。因此，在核心素养背景下，推进课程知识与核心

---

① ［英］麦克南：《课程行动研究》，朱细文、苏贵民、赵南译，北京师范大学出版社2004年版，第3页。

② 张敬威、于伟：《学科核心素养：哲学审思、实践向度与教学设计》，《教育科学》2021年第4期。

素养的系统性设计，有利于推动学生的必备品格和关键能力的形成。

首先，教师课程决策应加强课程知识与核心素养的关联。课程知识的选择与生产一定要关注学生核心素养的发展，课程知识的发展产生于知识逻辑与生活经验的融合过程，这也是知识结构与学生核心素养的结合过程。因此，教师课程决策需要将知识置于客观的生活情境之中，关注事物本身及其与核心素养的关联，将课程知识、生活世界与核心素养进行三位一体的整体性设计。学生对生活世界中知识结构的认识不仅包括事实、经验等要素，也包括技能、情感、价值观等要素。教师在课程决策过程中需要将这些要素进行统合，生成知识意义的增长点；同时采用大单元、大任务等方式，统整不同性质知识，进而形成核心素养的知识结构。

其次，教师课程决策应在生活世界的场域中对课程知识与核心素养进行加工和重组。在知识选择和加工的过程中，教师需要基于学科逻辑和生活逻辑对课程知识重新进行定义，充分发挥核心素养在课程决策以及思想观念传递中的方向性作用。核心素养背景下的教师课程决策，要深化课程知识与社会实践的联系，改变传统知识学习与实践分离、对立的局面，将课程知识的抽象性转向学生核心素养发展的社会性。教师课程决策能够为学生的素养发展与个体生存提供一种具有实践性的意义框架，为学生的知识学习与实践参与指明方向。课程知识是教师课程决策的起点。它表征着学科自身的思想、方法、价值等。教师在课程决策过程中，应立足每门课程的学科核心素养，设计所要传递的知识内容和方式，实现学生由知识认知方面到社会实践能力的转化。总而言之，在核心素养背景下，教师课程决策需立足整体性视野，关注知识与素养的系统性设计，建构出"化知识为素养"的整体格局。

第二节　在集体行动中实现教师课程决策

集体行动存在的前提是行动者在认同的基础上，通过成员之间的交往与协同，结成行动关系网络。[1] 集体认同是教师课程决策的首要前提，集

---

[1] 杨甜甜：《作为行动领域组织中的权力与规则——评费埃德伯格的〈权力与规则〉》，《社会学研究》2007年第4期。

体决策是提升其有效性的重要途径。在集体行动视域下，教师课程决策应充分考虑集体中的权力结构、人际关系等因素。为了发挥集体决策的价值，学校应根据现实要求调整教师决策集体的组织结构，创设合作性的文化氛围，改善教师个体之间的互动方式，提升决策效果。

一 凝聚教师课程决策的集体认同

（一）唤醒教师课程决策的集体意向

塞尔明确提出了"集体意向性"或"集体意向"。[①] 集体的意向性不是个体意向性的简单相加，而是意味着集体是一个不可分割的整体。集体内在的心理倾向能够引起我们的行动。换言之，集体意向能够引起集体行动，核心素养背景下的教师课程决策应该是一种"我们型"的集体行动。面对高度复杂的决策情境与决策过程的诸多不确定性，教师需要遵循集体意向，对相关课程内容和课程问题进行判断与选择。同时，教师还要基于集体意向，不断调整自身的决策思维和决策行为。此时，学校应当赋予教师个体对自身决策的自由空间，唤醒教师遵循集体行动的价值取向。

在核心素养背景下，课程决策需要唤醒教师的集体意向，凝聚共同期望，使教师的课程决策行动产生集体效应。在此基础上，教师的个体意向能够在很大程度上得以协调。知识、经验、核心素养等因素也要被纳入集体课程决策的考量之中，围绕这些要素组织成教师课程决策共同体。因此，教师课程决策的集体认同感会在此过程中得以强化。教师需要以集体意向为课程决策的依据，并以此为参考进行课程决策。这有利于摆脱教师课程决策的个人主义取向，改变课程决策过程中盲动、无序的状态，真正实现教师课程决策的集体行动。

（二）提供教师集体认同的现实参照

涂尔干提出了"集体意识"（collective conscience）的概念，他认为在社会情境中会产生群体心理和意向。群体的心理和意向是被集体意识支

[①] 赵亮英：《集体意向与制度性事实——塞尔的社会实在论评析》，《湖南社会科学》2016年第1期。

配的，而不是被个体信念和行为解释的。① 但是，个体行动有利于实现集体意识。因此，在核心素养背景下，教师课程决策需要形成强有力的集体意识，教师的集体认同感显得尤为重要。学校是培育与形成教师课程决策集体认同感的现实场域和重要阵地。所以，学校应该在核心素养导向下采取具体有效的方案，为教师课程决策的集体认同感提供有价值的参照与行动的方向。

具体而言，学校应加强对教师课程决策的价值引领，提升教师对课程决策重要性的认知。同时，学校需要对教师课程决策中追求私利的行为进行适当的规范和引导，升华他们的精神境界和集体意识。集体认同感是增强集体内聚力的价值基础，同时也是达成一致行动的前提。它是行动者个体参与集体行动的重要因素。学校为教师提供集体认同的现实参照，促使教师在课程决策的集体行动中增强集体身份认同，能够最大限度获得集体的认同感和效能感。此外，学校通过引入集体文化，为教师群体提供集体认同的真实蓝本。这样不仅有利于抑制狭隘的个体利益冲动，而且可以有效地缓解个体理性与集体理性之间的冲突。教师集体认同感的产生是教师个体对集体逐步塑造和确认的过程，也是教师精神成长和发展的过程。②

（三）注重行动仪式的集体认同作用

集体行动者理论强调集体是一个基本的行动主体，它与个体行动者具有相同的本体论地位。但是，个体行动者遵循个人意愿，而集体行动者被集体意向规约。若干个体意图集体做某事，当且仅当他们意图共同来行动，他们的集体认同感才能得以形成。③ 也就是说，在学校场域内，教师个体共同行动时才能获得集体认同感。所以，核心素养导向的教师集体课程决策需要群策群力，通过集体行动的方式来进行。基于此，作为一种符号表达的行动仪式是集体行动的重要载体。

在核心素养背景下，集体行动中的仪式有助于建构行动者的集体认同

---

① Martin Michael and Lee C. McIntyre, eds., *Readings in the Philosophy of Social Science*, Cambridge Mass: MIT Press, 1994, pp. 433–440.

② 徐继存：《教师身份的伦理认同》，《教育科学》2020年第4期。

③ Gold Natalie and Sugden Robert, "Collective Intentions and Team Agency", *The Journal of Philosophy*, Vol. 104, No. 3, 2007, pp. 109–137.

感。在实践层面,学校要建立教师课程决策的集体组织,让教师通过参与集体行动中的方式逐渐形成集体认同感。学校应基于核心素养与学科核心素养的培育目标,成立以同学科或者跨学科教师团体为基本单位的集体组织,如同学科教师工作坊、跨学科校本教研、主题课例研讨组等,为教师共同分析与研讨课程核心素养问题提供平台。学校通过这些方式,能够不断提升教师个体的能动性、参与性,培育教师的集体归属感,避免教师在集体行动中陷入个人主义的旋涡,从而为教师课程决策的科学性提供有效支撑,使课程决策的集体行动更具成效性。

二 转变教师的集体课程决策观念

集体课程决策是指在学校范围内学校管理者和教师等群体基于共同利益、依据集体意志,对课程目标、课程内容、课程实施、课程评价等方面做出分析、判断与选择的动态过程。在核心素养背景下,集体课程决策中的教师应具有真诚性、认同性和主动性。教师应当防止片面的"个人利益至上"的倾向,维护集体利益,在集体课程决策中投入思想与感情,[①]贡献专业智慧,以主体身份参与其中。由此,教师不再是被告知结果的受众,而是共同参与决策的主体。

(一)端正决策动机,规避教师参与集体课程决策的虚假性

首先,教师参与集体课程决策应当以维护集体利益为动机。在核心素养背景下,课堂教学问题涉及学校管理者、教师等主体的共同利益。这些利益相关者处于密切相连的网状结构之中。只有当教师优先考虑集体利益时,其合理的个性化需求才有可能得到满足。因此,为实现核心素养融入课堂教学这一共同愿景,教师作为关键成员,理应树立集体责任意识,自觉维护集体利益。

其次,教师参与集体课程决策应当以自身专业发展为动机。教师参与集体课程决策是其应有的权利,能够凝结一线教师的群体智慧、意志与力量。在核心素养背景下,集体课程决策可以帮助教师开阔理论视野、增长学术见识以及转变课程角色。教师在集体课程决策中不只是执行者的角

---

① [美]罗伯特·G. 欧文斯:《教育组织行为学》,窦卫森、温建平、王越译,华东师范大学出版社2001年版,第374页。

色，更应该成为课堂教学问题的研究者。这就需要教师体悟集体课程决策对于自身身份转变的意义，逐渐明晰其在集体课程决策中的使命及自身存在的必要性。

（二）提升专业影响，增加教师参与集体课程决策的真实性

首先，教师需要在集体课程决策的过程中表现出有价值的决策行为。核心素养应该是教师群体关注的领域，教师要对集体课程决策的主题产生浓厚兴趣，对集体课程决策的过程表示赞同。教师应当积极探讨核心素养的相关问题，乐于分享其他学校及他人的成功经验。同时，教师要对核心素养背景下的课堂教学问题保持清醒的认识，形成深度理解。教师还应当对正确的决策意见给予肯定，敢于对不合理的决策提出质疑。这是促使教师积极展现专业素养、释放正面专业影响力的关键。

其次，教师应当在集体课程决策时持有问题意识。例如，有些教师不知如何在实践中培养学生的核心素养，这在很大程度上与其缺乏问题意识有关。基于此，教师可以通过集体课程决策理解核心素养的缘起和内在含义，明晰核心素养与学科核心素养之间的关系。教师需要经常问自己，"这是一个怎样的问题？""我会怎么应对它？""能否说服我？""是否合理？"通过多角度、递进式的提问方式，提高自身决策思维的清晰度与决策反应的敏捷度，让自己更加透彻地分析核心素养背景下的课堂教学问题，进而做出更加准确的判断。因此，学校要将教师由核心素养背景下集体课程决策的"边缘地带"拉至"中心位置"，使得教师从"旁听者"变为真正的"参与者"。

（三）尊重主体地位，调动教师参与集体课程决策的主动性

首先，构建自由的集体课程决策环境，尊重教师在集体课程决策中的主体地位。"自由反对硬性压迫与外部控制"[①]，它反对教师顺从等级化的命令链，即教师迫于权威的压力，被动地听从学校管理者个人决策的意见。教师在自由的决策文化环境中，需要改变传统的角色定位，实现由"让我做"到"我要做"的转变。这就需要赋予每位教师平等的决策话语权，保障他们在核心素养背景下课堂教学问题上的发言占有平等

---

① 李洪修、田露：《人工智能背景下教学自由的价值意蕴及其限度》，《湖南师范大学教育科学学报》2020年第4期。

的权重，即保证教师和学校管理者处于平等的地位，共同研究和讨论核心素养的相关问题。这可以促使核心素养背景下集体课程决策由"外在于教师的自上而下的推进"转变为"教师内在主动的行动"；同时，也能够缩小教师与学校管理者之间的地位差距，强化教师在集体课程决策中的主体身份，增强教师对决策参与者的身份认同感。这将有助于缓解集体课程决策给教师带来的枯燥、乏味感，扩大教师在学校课程决策事务中的影响力。

其次，构建理性的集体课程决策环境，规避教师决策参与的从众性。学校要鼓励教师在集体课程决策中持有自己的判断力，不轻易认同他人的观点。这就需要变革学校制度，由命令式的规则转变为协商式的准则。这有助于缓解教师群体对于学校科层体制过度依赖的状况，激发教师集体课程决策的理性思维，改变教师在没有考虑决策优劣的前提下的非自主决策习惯。同时，学校要为参与集体课程决策的教师提供思考、选择与质疑的机会，唤醒教师的课程决策意识，支持教师以辩证性的思维审视核心素养背景下的课堂教学问题，逐渐改变其无意识认同的决策行为。一方面，学校管理者需要明确问题意识，走进一线课堂，深入了解教师在落实核心素养过程中亟待解决的问题，增强集体课程决策的实践意义。另一方面，学校管理者需要以实践应用为导向，尊重教师的决策主体地位，支持教师参与集体课程决策的全过程。

三　调节决策集体的组织结构与互动方式

组织结构是组织内部正式规定的、比较稳定的关系形式。组织结构的特征包括稳定的组织、明确的相互关系形式、清楚的职权和严格的沟通渠道等。课程决策集体作为学校内部的一个微观组织，同样具备完整的结构系统。为提升教师集体的凝聚力，避免决策结果泛化，教师集体内部应明确课程决策流程，例如，制定决策目标、开展决策评估等。让教师更加清楚自己需要解决的问题和预期达到的结果，保证教师集体决策的科学高效性。

（一）明确位置与职责，最大限度发挥教师各自的优势

教师集体课程决策，本质上是指教师个体之间相互沟通与研讨，在个体课程决策的基础上对差异化进行同构。在这个过程中，由于教师在集体

决策中的位置和话语权不同，一些教师要发挥自身的优势，必要时做出相应的让步和妥协。在核心素养背景下，教师集体课程决策需要群策群力，在课程决策与教学实施中贯彻学科核心素养。各学科教师要明确本学科核心素养的真正价值，同时找准自身的学科定位，明确自身的决策职责，主动参与到核心素养的集体课程决策当中。教师集体课程决策就是教师团队集体制定可行的方案、评估可能的结果，其中包括集体认同的"自动化和常规的东西"。①

在集体课程决策中，决策集体还应提前制定符合教师群体意志的程序与规章制度，明确参与决策教师的职责和任务，使教师认识到自己在决策集体中存在的优势与意义。这样，教师能够清楚地知道自己在参与课程决策的集体行动中应该发挥怎样的作用。教师个体也可以依据自身优势在集体协作中互为补充。此外，决策集体要平衡组织的权力结构，给予教师一定的决策自由，发挥每一位教师的价值；让不同教师在差异性思想观点的碰撞中形成优质的、有意义的决策方案。

（二）创建激励性的决策氛围，提供支持性机制

教师课程决策集体是一个复杂的组织结构，存在层级化的特征。在核心素养的导向下，学校倡导教师加入集体课程决策之中。但是，一些教师对于学校管理体制中的权力边界存在畏难情绪，导致参与课程决策的积极性不高。为此，学校应当创建一种激励性的集体课程决策机制，推动教师主动参与课程决策，让他们专注于解决课程中关于核心素养的问题。一方面，在课程决策集体中占据权威地位的角色，如教学校长、教研主任等领导者，要适当释放所掌握的权力，并且通过对教师的组织与协调，增强教师参与集体课程决策的意愿。另一方面，决策集体中应建立一种激励机制，鼓励教师积极参与，提升教师参与集体课程决策的积极性。例如，通过外在与内在选择性激励相结合的方式，激发教师参与集体课程决策的动力。

选择性激励是指负责集体行动的组织依据行动者在集体行动中的表现，即依据行动者在参与集体行动中发挥作用的有无和大小，给予一定的

---

① 吕立杰、陈建红：《教师集体课程决策的特征与局限》，《课程·教材·教法》2008年第12期。

奖励,旨在激励集团中的成员参与到集体行动中去。[①] 内在选择性激励可以给予积极参与课程决策的教师晋升、评优、外出交流学习等机会,满足教师的内在心理、社会等方面的需求,以激励其对决策行动的支持。外在选择性激励,如物质、经济等方面的奖励。这样既可以满足教师个体的"利己性"取向,同时也能够激发其他教师参与课程决策的积极性。激励性的决策不仅可以为教师提供一种心理上的支持性环境,而且能够增强教师在决策集体组织中的责任感和归属感,帮助教师以积极的态度应对决策过程中的困难,进而提升集体决策的效果。

(三) 精准组织课程决策,提高集体课程决策的效率

如果会议是有效组织起来的话,那么这也可被认为是一种有价值的时间投资。学校管理者要依据学校内部与外部的实际状况成立课程决策集体组织。斯诺登(Snowden)认为,"可能有无数的个人或群体有兴趣参与决策,但是并不是每一个人都具有对决策作出积极性贡献所需的知识与技能"[②]。学校管理者通过组织内部的考核与选拔,提前确定参与核心素养集体课程决策的教师队伍。学校管理者应该摒弃"任何决策,人人上阵"的观念,合理召集不同年级、不同学科、不同能力的教师,共同组成一支人员精干的决策团队。

与此同时,学校管理者要了解教师的学科背景、教学能力、核心素养能力等基本信息,做到合理用人、知人善任,充分发挥每一位教师的专长、才能和智慧。学校管理者与教师需要按照课程决策的组织程序,做到分工合理、各司其职。决策集体需要明确课程的问题与目标、收集与处理信息、制订与选择方案、实施和评价方案,以此提高集体课程决策的效率,减少决策的不确定性和风险性。教师集体课程决策的目标是教育智慧的交互与共享。这就要求学校管理者可以与不同学科、不同学段的教师进行合作互动,共同开展跨学科、跨学段的核心素养课题研究活动,协力达成培养学生核心素养的目标。

---

① [美] 曼瑟尔·奥尔森:《集体行动的逻辑》,陈郁、郭宇峰、李新译,格致出版社2018年版,第48页。

② [美] 斯诺登:《学校领导与管理:重要概念、个案研究与模拟练习》,李敏、杨全印译,华东师范大学出版社2008年版。

第三节　在社会关系网络中实现教师课程决策

"社会网络"最初是一个社会学结构上的概念。经人类学家、社会学家对各种社会关系的不断深入研究,"社会网络"这一术语走进大众视野。社会网络指的是个体或组织之间的复杂联系以及二者的集合,社会网络的结构、规模等因素都会对资源的流动和分配产生重要影响。从社会网络理论的观点来看,核心素养背景下的教师课程决策不是一个独立的事件,而是嵌入在一个特殊的社会网络中。如果我们不了解社会关系网络,就无法真正理解教师的课程决策行为。社会网络理论是"通过具体的关系网络研究人的行为",将人视为一个点,点与点之间的联系形成了一定的社会网络结构。[①] 人的行为会受到社会网络结构的制约,人与人之间的行为也会因其所处的社会关系网络不同而异。基于社会网络的视角,对核心素养导向的教师课程决策进行分析,可以明晰教师课程决策的关系状况,为提升教师课程决策质量提供参考。

一　利用网络结构的性质,完善教师课程决策的信息供给

异质性网络有利于丰富教师课程决策的信息数量,同质性网络则确保了教师课程决策的信息质量。只有充分利用网络结构异质性与同质性的特点,教师课程决策才能在信息供给的源头上得到保障。

(一)秉承异质性理念,构建教师课程决策的多元信息网

每一位教师都具有自身的知识资本、信息资本和社会资本,这些资本对教师课程决策具有重要的作用。信息资本是决定核心素养背景下教师课程决策效果的关键因素。教师的信息资本来源于并依赖于社会网络的结构,其衡量的标准包括同质性和异质性两个方面。其中,高异质性的社会关系可以增加个体的信息资本。因此,异质性网络的构建,可以预见行动者在封闭的社会圈之外所建立的联结,以及如何有助于其获得多样化的知识和其他信息资源。

在学校组织内部,可以组织形式多元的集体课程决策活动,例如集体

---

① 周雪光:《组织社会学十讲》,社会科学文献出版社2003年版,第114页。

教研、新课标研究、新教材培训等。同时，学校要召集不同学科、不同年级的教师积极参与到课程决策中来，以课程研究为依托，加强教师之间的交流与互动。例如，安徽省合肥市蜀山小学构建了促进学生"深度学习"的课例研究体系，组织教师形成异质学习共同体，围绕学科问题定期开展分享活动，优化了教师课程决策的效果。① 值得注意的是，信息网络也会为教师带来信息方面的困扰。面对多种课程信息时，教师极易陷入选择的困境，难以做出理想的课程决策。因此，教师需要权衡课程信息的利弊，依据课程决策的实际情况和不同学科核心素养的要求，不断调整自身的课程决策行为。

（二）发挥同质性特征，营造教师课程决策的信任文化圈

社会网络的同质性，是指个体和那些与自身相似的人互动的趋势。同质性原则潜存于许多社会互动的过程中，处于学校中的教师同样喜欢同那些与自身相似的人建立联系。这样在长时间联系频繁的教师之间会形成一种互动机制。在核心素养背景下，教师决策的信任文化为其提供了重要支持。

学校文化是一种十分重要的课程资源，如文化软环境中的信任文化等，可以优化教师课程决策的结果。信任则象征着教师"通过社会网络与社会关系获取资源的能力"②，这是保障教师最终做出课程决策行为的关键条件。学校发展信任文化是增强教师效能感的有效途径。③ 相反，信任文化的缺失则会使得教师产生怀疑主义与保全主义的心理，强化自身"是上一级管理机构的被监控者"的身份。④ 这会导致教师在课程决策中判断力和执行力弱化，以至于不能做出创新性的课程决策。因此，学校应营造一个课程决策的信任文化圈。一方面，学校要充分了解教师在课程决策中的需求，给予教师个性化课程决策的机会，尊重不同教师对课程决策

---

① 李运烨、李延好：《促进学生"深度学习"课例研究体系的构建与实践》，《上海教育科研》2020年第10期。

② [美]林南：《社会资本：关于社会结构与行动的理论》，张磊译，上海人民出版社2005年版，第19页。

③ 尹弘飚、靳玉乐、李子建：《信任与赋权文化在课程改革中的作用》，《首都师范大学学报》（社会科学版）2009年第1期。

④ 何巧艳、黄甫全：《教师课程决策本性的文化分析》，《西北师范大学学报》（社会科学版）2009年第5期。

的差异化安排。另一方面，强化学校管理者的效率意识。学校管理者应当发挥榜样示范作用，在学校课程决策方面改进并完善管理方式，力争做到"不拖拉，不找任何借口，立即执行，日事日毕，常做常新"①，提高学校课程决策的工作效率，努力赢得教师的信任。

二 缩小网络位置的差距，平衡教师课程决策的信息分配

核心素养背景下课程决策信息的完整性与教师的网络位置呈正相关关系，即教师在社会网络中的位置越高，被分配到的课程决策信息就会越完整。因此，缩小不同身份地位的教师在信息占有方面的差距，改善信息失真状况，是提高教师课程决策信息完整性的关键。

（一）实施岗位流动策略，缩小教师网络位置的差距

首先，在核心素养背景下，支持不同岗位的教师主动加入流动队伍，促进网络中优势位置的共享。教师岗位流动具有多向性、多态性、多效性的特征。教师流动的实质是为每一个教师工作岗位筛选出最适合的个性化教师。② 在核心素养背景下，公平的岗位流动机制不仅有助于激发教师的研学热情和培养人才的内生动力，而且有利于优化社会关系网络中的教师资源配置，使教师的课程决策和自身的专业潜力得到全面释放。在网络节点位置不变的前提下，人员的流动可以视为信息在节点之间的相对交换。这种流动模糊了网络中原有的高低位置之间的界限，扩大了社会网络的开放性，变"静态的网络"为"动态的网络"。这样有利于将处于优势位置的教师所享有的信息、机会、权力等提供给更多低位置的教师，让每一位教师在课程决策中获得可靠、真实的信息资源。不同岗位教师的流动，加深了各个学校之间的联系和沟通，有利于促进教师课程决策的整体优化。

其次，提升教师课程决策的理论与实践素养，助力教师胜任不同岗位。一方面，扩大教师的专业知识储备。在核心素养背景下，扎实的专业知识以及与核心素养融合的意识是教师进行课程决策的前提。社会网络中

---

① 鲍成中：《学校内隐文化建构：信任视角》，《中国教育学刊》2011年第10期。
② 龙宝新：《论教师专业发展取向的区域教师流动工作系统》，《教育发展研究》2017年第6期。

高位置的教师需要不断提升自身的理论视野,而低位置的教师则重在夯实自身的理论基础与课程知识储备。另一方面,发展教师的专业基本能力。核心素养背景下的专业能力与核心素养的应用能力是教师课程决策的保障。因此,处在高位置和低位置的教师都需要发展应对工作环境、社会交往、合作与领导等能力,提升教师课程决策的实践素养。

(二) 减少社会网络的干扰因素,提升信息分配的完整性

首先,保障课程政策信息的客观性。课程政策信息本身是客观且中立的,但作为信息传播渠道的组织却存在偏私的可能。如果教师受到教学习惯、生活经验以及个人情绪等因素的影响,就会对核心素养的课程目标、课程内容等做出片面性的解读。那么,这就如同在社会网络中增加"人为噪声",只会使教师曲解信息的原意,加剧信息分配的不完整。因此,为保障课程政策信息的客观性,保障信息在上传下达过程中的完整性,避免教师的主观臆断就显得尤为必要。例如,教师不能擅自修改课程政策的内容,必须严格执行原有课程政策,坚决抵制"偷梁换柱"的政策执行行为。

其次,提高课程政策信息的准确性。研究表明,人们对所接收信息进行内逼近认知和外逼近认知是提高信息传播精确性的两种有效途径。[①] 因此,教师需要根据具体情况采取合适的策略。一方面,对于不能模糊的信息,教师需要采取保守的态度进行内逼近认知。例如,基础教育课程政策要求发展学生核心素养,教师只有在明晰核心素养的内涵、价值等信息的前提下,才有可能做出符合该课程政策要求的决策行为。另一方面,对于不能遗漏的信息,教师则需采取开放的态度,秉承谨慎的原则,收集除了确定不属于该信息之外的所有信息。

三 提高教师个体中心度,促进教师课程决策的信息流通

社会网络中存在强弱关系,从强弱关系中获取的信息也是不同的。教师在进行课程决策时,如果从强关系网络中获取信息,信息的重复率则比较高;如果从弱关系网络中获取信息,信息的差异性则较大。在核心素养

---

① 昝廷全、昝小娜:《信息粗传递及其传播学意义》,《现代传播 (中国传媒大学学报)》2017 年第 4 期。

背景下，教师课程决策需要获取更多的、动态性的信息。弱关系网络中的信息具有较强的流动性，有利于教师拓宽获取信息的来源；强关系网络能够巩固和稳定教师已有的知识经验和所处的地位。依据社会网络理论，点入度与点出度是点中心度的衡量标准。对于教师课程决策而言，点入度即教师（作为接收者）获取信息的情况，点出度即教师（作为传播者）发布信息的情况。教师个体的点入度与点出度越高，教师个体的中心度越高，教师同学校管理者、其他教师以及学生之间建立的关系越密切，信息在网络中的流通也就越顺畅。

（一）增加教师个体点入度，连接信息传播网络的孤立点

首先，鼓励教师参与学校课程决策。为了扩大信息传播网络的范围，学校应鼓励教师加入学校课程决策中。当教师进入课程决策的网络中，就意味着教师获得了自己在课程研究上的价值感和归属感。随着教师参与课程决策频次的增加，他们的成就感也会随之增强，以此连接了信息传播网络的孤立点。教师将获取的信息带入自己的课堂教学，能够在原有课堂教学的基础上丰富学生的知识视野，发展他们的核心素养。因此，学校要完善教师课程决策的考核机制，为教师参与课程决策提供充足的机会，鼓励教师参与校本课程的开发与建设，激发教师参与课程决策的能动性。

其次，促进教师之间的专业合作。"合作"强调教师群体为了实现学校的教育目标、回应社会的教育期待而需要互相支持、互相配合。在核心素养背景下的课程决策过程中，专业合作是教师应对新任务、破解新难题的重要途径。教师专业合作不仅可以丰富教师个人的知识经验，而且有利于推动教师的课堂教学改革，转变教学的定式思维。在此过程中，教师将核心素养作为课程决策的核心要义，致力于促进学生的知识学习与核心素养的交叉和转化。教师专业合作不同于简单的教师个体行为。它会受到诸多因素影响，例如学校组织结构、学校课堂场域等。因此，教师在面对课程决策中的问题时，要利用所处社会网络的优势力量，寻求合作的机会，实现优质资源共建共享，合力解决课程决策中的困难，避免面临被边缘化的境地。

（二）扩大个体点出度，提升教师课程决策的独立意识

首先，弱化教师课程决策的依赖心理，突出教师课程决策的主体性。教师课程决策想要取得良好的效果，关键在于培养教师个人独立的思维意

识。也就是说，教师不能人云亦云，而要敢于形成自己的独特观点；也不能过度依赖他人的输入，而是要增加个性化的输出。并且，"作为网络节点的行动者并不是傀儡，而是具有主观能动性的行动者"①。教师作为课程决策的主体，在课程决策的每个环节都应当发挥积极的主体性作用。在学校组织层面，教师是最有可能发现课程决策问题的群体，所以教师应将课程决策的效果和问题反馈给学校管理者。学校管理者同教师通过沟通、交流、调研，及时调整课程决策的方案，促进学生核心素养的发展。教师作为课程决策的核心，要细心观察学生的实际学习状况，以及核心素养的发展状况，灵活地进行自主决策，适当调整课程实施进度和教学方式。

其次，建立核心素养导向的教师课程决策信念系统。在内容层面，教师需要综合考虑五个因素，分别是学习者和学习的信念、核心素养教学的信念、学科核心素养的信念、学习如何教学的信念以及自我和教师作用的信念。② 教师需要加强专业知识、核心素养知识与决策经验的积累，构建一种将学生核心素养与来自不同渠道的各种信息交叉融合的信念系统，以增强教师课程决策的系统性和完整性。在方式层面，教师在课程决策过程中应敏锐地察觉和捕捉有关信息，并对其进行精细化处理。此外，学校还要及时增加教师课程决策的信息供给和来源渠道，进一步优化教师课程决策的信念系统。这样，当教师在教学过程中遇到难以解决的问题时，他们可以快速调动信念系统中相关的决策信息资源，用最有效、最恰当的方法处理课程或教学问题。

第四节　在学校公共生活中实现教师课程决策

公共人是公共生活中具有公共品格的行动主体。③ 作为公共的生活领域，学校公共生活是以学校为场域，发生在学校教育教学及管理活动之中

---

① 刘军：《整体网分析：UCINET 软件实用指南》，格致出版社、上海人民出版社 2014 年版，第 2、152 页。
② 宋乃庆、周莞婷、陈婷：《小学数学教师"问题提出"的教学信念研究》，《数学教育学报》2019 年第 4 期。
③ 冯建军：《公共人及其培育：公共领域的视角》，《教育研究》2020 年第 6 期。

的共同生活。在课程领域中，课程的公共性主要表现为课程知识内容的公共性及其以课程内容为媒介所组织的人际关系的协同性。① 随着新课程改革的不断推进，教师的主体性得以强化。核心素养背景下，教师的主体性在学校中应该作为一种公共性而存在。倘若教师的主体性被无限扩大，将会在很大程度上削弱教师个体与他者、个体与共同体之间的联结，导致教师之间的疏离，并以脱离于共同体的孤独的"个体人"的形式出现。教师的课程决策面临着"个体人""个人主义"所带来的种种风险，因此，在核心素养背景下教师需要回归"公共人"的价值取向，这既是对"个体人"的反思与矫治、对人性的回归，也是中国特色社会主义时代对学校教育提出的新要求。

一 重塑教师公共人身份，推动教师课程决策真实落地

现代社会作为开放的公共领域，其发展需要依托公共人的培育。公共人是公共领域的行动者，是基于个体性与公共性张力的自我实现。② 公共人不是靠知识学习的，而是在公共生活中通过公共行动成长起来的。在核心素养背景下，教师作为社会教育的重要引领者与学校的课程决策主体，理应树立公共性意识，重塑教师自身的公共人身份。

（一）超越个人主义，树立教师课程决策的公共性思维

公共性是在公共领域中不同个体之间通过自由平等的交往、协商而形成的一种价值共识，其功能在于维系并巩固人们之间的共生共在关系，建构人人共在的公共领域。公共领域建立在人的多样性、平等和差异性的基础上，公共领域中的"公共人"不是同质性的抽象人，而是异质性的自由人。③ "公共人"即具有公共理性精神、公共德性品质与公共参与能力的理性人。④ 在学校公共生活中，教师是独立自主的理行主体且教师个体之间也是一种平等的关系。他们能够能动地对核心素养以及学科核心素养做出理性判断与选择。因而，教师不是一座"孤岛"，而是作为"公共

---

① ［日］佐藤学：《课程与教师》，钟启泉译，教育科学出版社2003年版，第86—97页。
② 李宏亮：《论公共人的培育——学校教育的视角》，教育科学出版社2017年版，第33—34页。
③ 冯建军：《公共人及其培育：公共领域的视角》，《教育研究》2020年第6期。
④ 叶飞：《当代道德教育与"公共人"的培育》，《南京社会科学》2020年第8期。

人"而存在。但是，教师主体性的强化，加速了个体与他者的疏离，从使教师陷入"个体化"的生存境地，缺乏公共理性精神，进而往往对公共决策事务持一种冷漠、观望的态度。

在核心素养背景下，教师课程决策行动作为学校公共生活中相互协作的公共决策体系，需要教师超越自身的"个人主义"，基于公共理性，共同做出有关课程的决策，以改变课程决策过程中教师之间的离散状态。在此过程中，教师个体的知识、经验等都被纳入考虑的因素中，个体理性能够在很大程度上得以协调，教师课程决策行动的最终决策结果也将是行动者主体共同选择的结果。同时，教师的课程决策行动是一个不断变化和调整的过程，需要其不断地做出课程调适。在教师课程决策的过程中，教师要以公共性思维为指引，为参与课程决策的各方带来心灵的交流与意图的沟通。这能够在很大程度上摆脱教师课程决策的个人主义取向。

（二）塑造公共人身份，认同教师课程决策的公共价值

就公共领域而言，公共行动追求的是共同利益而非个人利益。从公共领域视角来看，作为"公共人"的教师，其课程决策实质上是一种公共理性行为。公共理性是公共的，是在尊重个体利益基础上的公共利益。核心素养背景下，教师的课程决策并非封闭且孤立的个体活动，而应是教师与其他教师共同参与的公共事务。所有教师在参与课程决策的过程中都应具有强烈的责任感与身份认同感。在课程决策过程中，教师身份的建构需要教师个体之间的共同认同，以形成教师集体的公共行为模式，实现教师由个体身份向集体身份的转变。然而，在课程决策过程中，教师之间身份认同不足、公共理性丧失势必会导致教师个体与他者的分化。因此，核心素养背景下重塑教师的身份认同对于课程决策的公共行动尤为必要。

在学校公共生活中，教师课程决策是一个共享的过程链条。在共享链中，教师的决策行为主要发生在公共领域，这也是教师之间相互分享与影响的过程。在这个过程中，教师的课程决策是一种公共行动系统。面对极其复杂的决策情境，教师之间目标的一致性能够使其克服不确定性风险。教师彼此之间的公共参与和利益共享，以及追寻共同的核心素养目标，使他们始终处于一种平衡态之中。在此意义上，教师个体可以共享一致性的利益、价值观、思维模式和认知方式等，以形成更为稳定的公共关系。核心素养背景下，教师在这种相对稳定的关系结构中共同分享利益，重塑个

体间的身份认同感与凝聚力；同时能够避免彼此之间的对立，以及脱离于共同体的孤独的"个体人"等现象的出现，最终促进教师作为"公共人"的价值的实现。

二 建立学校公共制度，为教师课程决策提供制度保障

"制度是一个社会的博弈规则或规范。更为具体地说，制度是基于一定的目的，人为地设计的用以形塑和约束人与人之间互动关系的规范或规则。"[①] 换言之，制度主要是以关系为基本结构，是对社会生活中各种关系的协调与规约。在学校公共生活中，公共制度的建构尤为必要。学校公共制度为教师课程决策提供合法性与合理性保障。学校公共制度的合法性、合理性是指学校大多数成员能够认同且接受，而不单纯依靠强制力来维系。在核心素养背景下，学校公共制度所倡导的价值观念，要得到学校大多数教师的支持与认同，从而进一步保障教师做出更理性的课程决策。

（一）建立公共意志表达机制，保障教师课程决策的公正性

首先，学校需要提升教师的"公共人"意识，参与学校公共制度的制定过程。从根本上说，制度反映了相对稳定的社会关系结构，对社会关系起着调节的作用。在此意义上，社会的公共制度成为一种调节社会关系的规范。在学校场域中，制定学校公共制度的目标在于调节学校管理者、教师、学生等成员之间的关系。公开、公正与公意是公共制度的基本特征。[②] 公开是指公共制度的制定需要保证每一个成员的"在场"。换言之，公共制度的制定需要面向每一位成员，需要每一位成员公平、公正地参与到制定的程序中。学校公共制度的制定需要立足于全体学校成员的公共利益，反映异质性成员的公共意志。因此，学校要唤醒并提升教师的"公共人"意识，让教师进入课程决策领域，参与学校内部制度与规则制定的过程中，以保障学校公共制度的制定过程公开、公正。因此，教师不再是管理者的听从者与附庸，而是课程决策公共领域中的"公共人"。

---

① ［美］道格拉斯·C. 诺思：《制度、制度变迁与经济绩效》，杭行译，上海人民出版社2008年版，第3页。

② 冯建军：《学校公共生活的建构》，《西北师范大学学报》（社会科学版）2014年第5期。

其次，学校要为教师的个人表达释放空间，为教师提供充分的利益表达通道。在核心素养背景下的学校公共生活，需要建立教师公共意志表达机制，以保障每一位教师都有机会参与到基于核心素养的课程决策相关制度的制定过程中。公共意志表达机制的建立是形成公共制度的基础。学校公共意志表达机制主要是指在充分尊重教师个体正当的意志与利益的基础上，允许教师通过正当合理的方式和渠道表达自己的意见。因此，在课程决策领域中，教师公共意志表达机制的建立，能够使教师在制度制定的动态过程中充分表达自己的意愿与诉求。为此，学校需要建立教师参与和表达的渠道和平台，诸如教师代表集体审议、课程决策听证会、课例研究座谈会等，以保障制定程序的公正性。

（二）建立公共利益共享机制，保障教师课程决策的合理性

学校公共制度既涉及教师和学生的权利、义务，也涵盖教学资源的分配等。总体来说，学校公共制度主要强调学校中的成员，包括师生之间、学生之间以及教师与学生之间如何在学校公共生活中形成一种公共关系，并在这种公共关系之中促进师生公共品格的养成。因此，在核心素养背景下，学校公共制度是为了完善学校公共生活，保障和规约教师的课程决策权力以及其他合理性权力，培育学生公共的核心素养而建构的。同时，公共制度的建构除了关注公共制度的制定程序外，还需要关注公共制度的执行环节。否则，教师课程决策的公共制度就会被悬置。在学校公共生活中，教师个体利益的充分表达是学校公共制度形成的前提；公共制度作为个体之间的利益契约，以全体成员的公共利益为出发点。在此意义上，这在一定程度上是对个人不合理的私利的规约。① 基于此，教师个体在执行公共制度时，需要立足于学校乃至社会的公共利益，摒弃狭隘的个人利益，将个人融入公共生活之中。因此，在学校公共生活中，利益共享机制的建立能够保障学校公共制度的合理运行。

在核心素养背景下的学校公共生活中，教师课程决策是一个共享的公共行动过程，需要建立利益共享机制。就课程决策的公共行动而言，学校应充分考虑到核心素养的课程运行环节、课程决策情境的复杂性与内隐性。利益共享机制的建立能够协调教师之间的利益关系，使教师维护个体

---

① 冯建军：《学校公共生活的建构》，《西北师范大学学报》（社会科学版）2014 年第 5 期。

私利的行为在很大程度上得以改善。这样，教师在课程决策的过程中将超越狭隘的利己主义取向，寻求公共利益，遵循学校的公共制度与规则，使制度由外在的规约转变为内在的约束。在此意义上，教师之间才能共享一致性的公共利益、公共价值观等，由"我与你"走向"我们"。"我们"作为公共生活中的一个共同体而存在，它超越了狭隘的"我与你"，是一种相互依赖的整体互动关系。在这个过程中，教师作为"公共人"的价值导向得以回归。这有助于在核心素养背景下的课程决策构建开放、融通、团结、合作的关系，从而确立一种小我与大我、个人与共同体的核心素养共识，塑造具有人文情怀、责任担当的公共情怀。在此，教师在课程决策的过程中才能主动关心他人、关照学生、关注公共利益，才能够合理地参与到学校课程决策、课程开发等工作中。

三 发展学校公共文化，为教师课程决策提供文化支撑

文化社会学倾向于研究文化与社会的互动关系。在公共性视域下学校公共文化的"本性"是指学校文化本身所拥有的品质，所蕴含的价值取向、思想观念和哲学思考等。随着社会的变革与转型，教育正在摆脱过去的从属工具性质，日益成为整个社会的基础。学校公共文化作为学校的内核与灵魂，体现着学校整体的精神风貌。在学校公共生活中渗透的文化要素、价值观念等，为核心素养背景下教师的课程决策提供了有效的文化环境支撑。

（一）发展民主的公共文化，使教师平等地参与课程决策

首先，形成教师赋权承责、合作共进、相互滋养的组织文化。在核心素养背景下，学校的课程决策与教学实施都关涉学生能否适应未来社会的发展。在学校公共生活中推行民主的价值观念，意味着要扩大教师参与课程决策的渠道和范围。所以，教师作为培养学生核心素养的直接推动者，学校要充分听取教师的意见和建议，使教师真正成为课程决策的主体，通过教师之间的公共协商做出决策。建立学校民主的公共文化，能够培养教师的理性协商和公共决策的能力，提升学生的自主性。

其次，营造有效且创新的课程社群文化。克利福德·格尔茨（Clifford Geertz）在《文化的解释》一书中强调，行动者生活在一个"意义之

网"中，一个眨眼动作的意义有赖于动作发出者和接受者的互动解读。①由此，学校应选择一些有针对性和可操作性的、能够提升教师决策自信的文化活动，为每一个教师提供学习的机会和展示自己的平台。例如，学校通过设立论坛、网络社区及组织课程决策听证会等形式，鼓励教师积极参与学校课程决策，建构课程社群平等、民主的对话环境，增进教师群体情感互动的效果。让教师于真实的情境中明晰如何在课程决策中贯彻核心素养，以此来增强教师在处理课程相关问题上的决策能力和自我效能感。

（二）营造宽松的公共环境，使教师自由地参与课程决策

首先，学校要容纳教师课程决策的过程中不适当的观点。文化是一个开放的体系，它所包含的价值和意义总是处于质和量的动态变化之中。在核心素养背景下，教师的思想和行为都会随着课程改革而发生变化。因此，学校公共文化的发展也要突破学校文化惰性，改善传统的课程决策模式，营造一种宽松的公共文化环境，使教师能够自由地参与课程决策。杰弗里·亚历山大（Jeffery C. Alexander）认为，实践理论家（praxis theorists）往往忽视社会行动的文本性，而诠释论者（hermeneutics）又常会对理念所产生的物质和真实世界视而不见。② 教师在课程决策的过程中应当规避实践理论家或者诠释论者的主张。在宽松的文化氛围中，教师可以真诚地表达课程决策的思想观点。

其次，学校要容纳教师异质性的意见。在学校公共生活中，每一位教师的个体经验与思想观点都会存在差异性，因此，学校要能够容纳教师的异质性观点。课程决策需要教师个体具有独立应对如何决策、决策效果等问题的能力。在此过程中，不同教师对于课程的理解、教学的设计、决策的行为等可能会出现歧异。那么，在学校公共生活中就要建立较为完善的课程决策文化交流机制。在公共文化机制中，教师需要摒弃彼此之间的竞争与冲突，自由地参与课程决策，实现相互之间的理解与沟通。这样，教师便能够在参与课程决策的过程中进行公共协商、公共对话，尊重每个人不同的意见，妥善处理彼此之间相异的诉求，营造宽松的课程决策环境。

---

① 钱力成：《把政治文化带回来——文化社会学的启示》，《社会学研究》2020 年第 3 期。
② 钱力成：《把政治文化带回来——文化社会学的启示》，《社会学研究》2020 年第 3 期。

参考文献

一 中文文献

（一）译著

[法] 埃哈尔·费埃德伯格：《权力与规则——组织行动的动力》，张月等译，上海人民出版社 2008 年版。

[澳] 马尔科姆·沃特斯：《现代社会学理论》，杨善华等译，华夏出版社 1988 年版。

[德] 马克斯·韦伯：《经济与社会》，林荣远译，商务印书馆 1997 年版。

[德] 马克斯·韦伯：《社会学的基本概念》，胡景北译，上海人民出版社 2000 年版。

[法] 卢梭：《社会契约论》，何兆武译，商务印书馆 2011 年版。

[法] 米歇尔·福柯：《权力的眼睛》，严锋译，上海人民出版社 1997 年版。

[法] 米歇尔·福柯：《必须保卫社会》，钱翰译，上海人民出版社 1999 年版。

[法] 米歇尔·克罗齐埃：《被封锁的社会》，狄玉明、刘培龙译，商务印书馆 1989 年版。

[法] 米歇尔·克罗齐埃、[法] 埃哈尔·费埃德伯格：《行动者与系统》，张月等译，世纪出版集团、上海人民出版社 2007 年版。

[加] 迈克尔·富兰：《教育变革的新意义》，武云斐译，华东师范大学出版社 2010 年版。

[美] 彼得·布劳：《不平等和异质性》，王春光、谢圣赞译，中国社会科学出版社 1991 年版。

[美] 彼得·L.伯格、[美] 托马斯·卢克曼：《现实的社会建构：知识

社会学论纲》，吴肃然译，北京大学出版社 2019 年版。

[美] 伯顿·克拉克：《我的学术生涯（下）》，赵炬明译，《现代大学教育》2003 年第 1 期。

[美] 戴维·斯沃茨：《文化与权力：布尔迪厄的社会学》，陶东风译，上海译文出版社 2012 年版。

[美] 道格拉斯·C. 诺思：《制度、制度变迁与经济绩效》，杭行译，上海人民出版社 2008 年版。

[美] 汉娜·阿伦特：《人的境况》（第二版），王寅丽译，格致出版社、上海三联书店、上海人民出版社 2009 年版。

[美] 赫伯特·西蒙：《管理行为》，杨砾等译，北京经济学院出版社 1988 年版。

[美] 林南：《社会资本：关于社会结构与行动的理论》，张磊译，上海人民出版社 2005 年版。

[美] 刘易斯·科赛：《社会冲突的功能》，孙立平译，华夏出版社 1989 年版。

[美] 罗伯特·G. 欧文斯：《教育组织行为学》，窦卫森、温建平、王越译，华东师范大学出版社 2001 年版。

[美] 罗尔斯：《政治自由主义》，万俊人译，译林出版社 2000 年版。

[美] 罗纳德·伯特：《结构洞：竞争的社会结构》，任敏、李璐、林虹译，格致出版社、上海人民出版社 2000 年版。

[美] 迈克尔·阿普尔：《意识形态与课程》，黄忠敬译，华东师范大学出版社 2001 年版。

[美] 迈克尔·W. 阿普尔等编：《被压迫者的声音》，罗燕、钟南等译，华东师范大学出版社 2008 年版。

[美] 曼瑟尔·奥尔森：《集体行动的逻辑》，陈郁、郭宇峰、李崇新译，格致出版社 2018 年版。

[美] 乔纳森·H. 特纳：《社会学理论的结构》，邱泽奇等译，华夏出版社 2008 年版。

[美] 理查德·桑内特：《公共人的衰落》，李继宏译，上海译文出版社 2014 年版。

[美] 斯诺登：《学校领导与管理：重要概念、个案研究与模拟练习》，李

敏、杨全印译，华东师范大学出版社2008年版。

［美］伊恩·罗伯逊：《社会学》，黄育馥译，商务印书馆1990年版。

［美］约翰·D. 布兰思福特等编著：《人是如何学习的：大脑、心理、经验及学校　扩展版》，程可拉、孙亚玲、王旭卿译，华东师范大学出版社2013年版。

［美］约翰·G. 加布里埃尔：《有效的教师领导手册》，王永华、李梅珍译，教育科学出版社2009年版。

［美］詹姆斯·施密特：《启蒙运动与现代性——18世纪与20世纪的对话》，徐向前、卢华萍译，上海人民出版社2005年版。

［日］佐藤学：《课程与教师》，钟启泉译，教育科学出版社2003年版。

［英］安东尼·吉登斯：《社会的构成——结构化理论纲要》，李康、苏贵民、赵南译，生活·读书·新知三联书店1998年版。

［英］麦克南：《课程行动研究》，朱细文等译，北京师范大学出版社2004年版。

［英］诺曼·费尔克拉夫：《话语与社会变迁》，殷晓蓉译，华夏出版社2003年版。

［美］约翰·斯科特、［美］彼得·J. 卡林顿主编：《社会网络分析手册（上卷）》，刘军、刘辉等译，重庆大学出版社2018年版。

（二）专著

常思亮：《大学课程决策权论》，湖南大学出版社2010年版。

黄孟藩、王凤彬：《决策行为与决策心理》，机械工业出版社1995年版。

贾英健：《公共性视域——马克思哲学的当代阐释》，人民出版社2009年版。

江山野：《简明国际教育百科全书·课程》，教育科学出版社1991年版。

李宏亮：《论公共人的培育——学校教育的视角》，教育科学出版社2017年版。

林聚任：《社会网络分析：理论、方法与应用》，北京师范大学出版社2009年版。

马伊里：《合作困境的组织社会学分析》，上海人民出版社2008年版。

瞿葆奎主编：《教育学文集：智育》，人民教育出版社1993年版。

瞿葆奎主编：《教育学文集：教育与教育学》，人民教育出版社1993

年版。

孙宽宁：《课程理解的理想与现实》，山东人民出版社 2010 年版。

汪晖、陈燕谷主编：《文化与公共性》，生活·读书·新知三联书店 2005 年版。

杨明全：《革新的课程实践者》，上海科技教育出版社 2003 年版。

易丽：《文化生成：营造学校发展"新生态"》，江苏教育出版社 2011 年版。

张凤阳等：《政治哲学关键词》，江苏人民出版社 2006 年版。

周雪光：《组织社会学十讲》，社会科学文献出版社 2003 年版。

（三）论文

鲍成中：《学校内隐文化建构：信任视角》，《中国教育学刊》2011 年第 10 期。

丁念金：《论教师的课程决策意识》，《课程·教材·教法》2006 年第 3 期。

丁念金：《论教师的课程决策权力》，《课程·教材·教法》2010 年第 7 期。

陈德斌、刘径言：《学校层面上的教师课程决定研究》，《苏州大学学报》（哲学社会科学版）2010 年第 6 期。

陈蓉晖、刘霞：《课程决策：教师专业自主的有效路径》，《东北师范大学学报》（哲学社会科学版）2013 年第 5 期。

陈允龙、贺绍栋：《权力冲突：教师课程权力实现的尴尬境遇》，《当代教育科学》2014 年第 8 期。

崔宇：《互生共融：过程公平视域下教师行动的结构性特征》，《南京师范大学学报》（社会科学版）2021 年第 4 期。

代建军：《课程运作中的教师权利》，《教育理论与实践》2001 年第 6 期。

樊亚峤：《信息不对称与课程政策执行》，《教育发展研究》2009 年第 12 期。

冯建华、周林刚：《西方集体行动理论的四种取向》，《国外社会科学》2008 年第 4 期。

冯建军：《学校公共生活的建构》，《西北师范大学学报》（社会科学版）2014 年第 5 期。

冯建军：《公共人及其培育：公共领域的视角》，《教育研究》2020 年第 6 期。

冯建军：《公民品格与公共生活》，《道德与文明》2020 年第 4 期。

冯建军：《学校公共生活中的制度建构》，《南京社会科学》2020 年第 11 期。

冯巨章：《西方集体行动理论的演化与进展》，《财经问题研究》2006 年第 8 期。

符太胜、严仲连：《信任与信任危机：教师赋权增能的核心问题》，《教育理论与实践》2014 年第 25 期。

葛春、费秀芬：《新课程实施中农村教师的"日常反抗"——基于社会学的研究视角》，《教育发展研究》2009 年第 4 期。

何巧艳、黄甫全：《教师课程决策本性的文化分析》，《西北师范大学学报》（社会科学版）2009 年第 5 期。

胡东芳：《谁来决定我们的课程？——主要国家课程权力分配比较研究》，《外国教育研究》2005 年第 3 期。

金太军、鹿斌：《制度建构：走出集体行动困境的反思》，《南京师范大学学报》（社会科学版）2016 年第 2 期。

靳玉乐：《校本课程的实施：经验、问题与对策》，《教育研究》2001 年第 9 期。

李洪修、熊梅：《组织社会学视域中的学校课程实施》，《社会科学战线》2011 年第 7 期。

李洪修、李哨兵：《关系网络中教师课程权力的特征及其实现》，《教育研究》2017 年第 8 期。

李洪修、田露：《人工智能背景下教学自由的价值意蕴及其限度》，《湖南师范大学教育科学学报》2020 年第 4 期。

李洪修、田露：《核心素养背景下教师参与集体课程决策的困境与变革》，《教育理论与实践》2021 年第 16 期。

李洪修、丁玉萍：《教师课程决策的问题表征、内在机理与实现路径》，《南京社会科学》2022 年第 3 期。

李洪修、陈栎旭：《知识社会学视域下课程思政的内在逻辑与实现路径》，《大学教育科学》2022 年第 1 期。

李洪修、陈栎旭：《改革开放以来中国师德政策的变迁历程、内在逻辑与未来展望》，《社会科学战线》2022年第11期。

李洪修、崔亚雪：《跨学科教学的要素分析、问题审视与优化路径》，《课程·教材·教法》2023年第1期。

李洪修、王牧云：《学科核心素养视域下语文单元教学设计的问题与对策》，《天津师范大学学报》（基础教育版）2022年第2期。

李屏南、叶宏：《构建促进社会和谐的社会管理机制》，《湖南师范大学社会科学学报》2007年第2期。

李水霞、熊梅：《新课程下教师课程决策的变革》，《东北师大学报》（哲学社会科学学报）2014年第1期。

刘桂影、李森：《论课堂教学话语的实质、价值与优化》，《教育研究与实验》2012年第6期。

刘复兴：《教育政策活动中的价值问题》，《北京师范大学学报》（人文社会科学版）2002年第3期。

刘淑华、潘丽婷、魏以宁：《地方政府危机治理政策传播与信息交互行为研究——基于大数据分析的视角》，《公共行政评论》2017年第1期。

刘铁芳、曹婧：《公共生活的开启与学校教育目标的提升》，《教育研究与实验》2012年第6期。

龙宝新：《论教师专业发展取向的区域教师流动工作系统》，《教育发展研究》2017年第6期。

吕立杰、陈建红：《教师集体课程决策的特征与局限》，《课程·教材·教法》2008年第12期。

罗晓杰：《三级课程管理体制下教师课程决策权问题探析》，《教师教育研究》2006年第6期。

钱力成：《把政治文化带回来——文化社会学的启示》，《社会学研究》2020年第3期。

容翠、郭元祥：《我国教师课程权力问题的研究与反思》，《中国教育科学》2016年第4期。

石筠弢：《好的课程政策及其制定》，《课程·教材·教法》2003年第1期。

杨甜甜：《作为行动领域组织中的权力与规则——评费埃德伯格的〈权力

与规则〉》,《社会学研究》2007年第4期。

王晋:《教育仪式的社会学分析》,《教育理论与实践》2010年第10期。

王天平、金玉梅:《课程政策执行力:内涵、构成及评价》,《西南大学学报》(社会科学版)2010年第6期。

王天平:《论课程政策在执行中的改变》,《教育研究与实验》2013年第3期。

王占魁:《阿普尔批判教育研究的理论来源》,《华东师范大学学报》(教育科学版)2012年第2期。

魏薇、陈旭远、高亚杰:《教师参与课程决策:来自批判教育理论的检视》,《现代教育管理》2011年第2期。

徐继存:《教师身份的伦理认同》,《教育科学》2020年第4期。

徐廷福:《论我国教师专业伦理的建构》,《教育研究》2006年第7期。

杨帆、陈向明:《"去情境化"与"再情境化"——教师理解变革性实践的话语表征机制》,《北京大学教育评论》2013年第2期。

杨兰:《权力、协商与教师的课程决策》,《教育发展研究》2009年第20期。

杨小微:《现代性反思与中国教育的可持续发展》,《华东师范大学学报》(教育科学版)2021年第11期。

杨跃:《教师教育改革阻抗的社会学分析》,《湖南师范大学教育科学学报》2007年第3期。

叶飞:《当代道德教育与"公共人"的培育》,《南京社会科学》2020年第8期。

叶澜:《新世纪教师专业素养初探》,《教育研究与实验》1998年第1期。

尹弘飚、靳玉乐、李子建:《信任与赋权文化在课程改革中的作用》,《首都师范大学学报》(社会科学版)2009年第1期。

尹利民、穆冬梅:《权力与规则:集体行动的组织学分析框架》,《江西社会科学》2015年第10期。

袁祖社:《公共性的价值信念及其文化理想》,《中国人民大学学报》2007年第1期。

张华:《论核心素养的内涵》,《全球教育展望》2016年第4期。

张华:《论学科核心素养——兼论信息时代的学科教育》,《华东师范大学学报》（教育科学版）2019 年第 1 期。

张廷凯：《课程决策与教师专业能力发展》，《课程·教材·教法》2009 年第 2 期。

赵亮英：《集体意向与制度性事实——塞尔的社会实在论评析》，《湖南社会科学》2016 年第 1 期。

钟启泉：《基于核心素养的课程发展：挑战与课题》，《全球教育展望》2016 年第 1 期。

朱永新：《新教育实验二十年：回顾、总结与展望》，《华东师范大学学报》（教育科学版）2021 年第 11 期。

二　外文文献

（一）著作

Ben-Peretz M., *Teachers as Curriculum-makers*, Oxford: Pereatmon Press, 1994.

Brubaker Dale L. and Lawrence H. Simon, eds., *Teacher as Decision Maker: Real-Life Cases to Hone Your People Skills*, Thousand Oaks, CA: Corwin Press, 1993.

Carson Robert B. and John W. Friesen, eds., *Teacher Participation: A Second Look*, Washington D. C.: University Press of America, 1978.

Conley Sharon C. and Bruce Cooper, eds., *The School as a Work Environment: Implications for Reform*, Boston: Allyn & Bacon, 1991.

Dewey John, ed., *The Public and Its Problems*, New York: Swallow Press, 1954.

Gay G., *Curriculum Development*, New York: Pergamon Press, 1991.

Luwisch Freema Elbaz, ed., *Teachers' voices: storytelling and possibility*, Charlotte N. C.: Information Age Pub, 2006.

Martin Michael and Lee C. McIntyre, eds., *Readings in the Philosophy of Social Science*, Cambridge Mass: MIT Press, 1994.

Sowell Evelyn J, ed., *Curriculum: An Integrative Introduction*, Englewood Cliffs: Prentice-hall, 1996.

（二）论文

Aikenhead Glen S., "Teacher decision making: The case of prairie high",

Journal of Research in Science Teaching, Vol. 21, No. 2, 1984, pp. 167 – 186.

Borko Hilda and Richard J. Shavelson, "Teacher decision making", In B. F. Jones & L. Idol (Eds.), *Dimensions of thinking and cognitive instruction*, Elmhurst, IL: North Central, 1990, pp. 311, 346.

Christopher Hood, "Paradoxes of public-sector managerialism, old public management and public service bargains", *International Pubic Management* Journal, Vol. 3, No. 1, 2000, pp. 1 – 22.

Freeman Linton C., "Centrality in social networks conceptual clarification", *Social networks*, Vol. 1, No. 3, 1978, pp. 215 – 239.

Gold Natalie and Sugden Robert, "Collective Intentions and Team Agency", *The Journal of Philosophy*, Vol. 104, No. 3, 2007, pp. 109 – 137.

Ingersoll, Richard M., "Teachers' decision-making power and school conflict", *Sociology of Education*, Vol. 96, No. 2, 1996, pp. 159 – 176.

Johnston Sue, "Understanding curriculum decision-making through teacher images", *Journal of Curriculum Studies*, Vol. 22, No. 5, 1990, pp. 463 – 471.

McCutcheon Gail, "Elementary school teachers planning for social studies and other subjects", *Theory and Research in Social Education*, Vol. 9, No. 1, 1981, pp. 45 – 66.

Raimo Tuomela, "Collective and Joint Intention", *Mind & Society*, Vol. 1, No. 2, 2000, pp. 39 – 69.

Shavelson Richard J., "What is the basic teaching skills?", *Journal of Teacher Education*, Vol. 24, No. 2, 1973, pp. 144 – 151.

Shulman Lee, "knowledge and teaching: Foundations of the new reform", *Harvard Educational Review*, Vol. 57, No. 1, 1987, pp. 1 – 23.

Taylor Dand L. and Abbas Tashakkori, "Toward an understanding of teachers' desire for participation in decision-making", *Journal of School Leadership*, Vol. 7, No. 6, 1997, pp. 609 – 628.

后　　记

　　本书从理论与实践两个方面剖析了当前教师课程决策如何有效促进学生核心素养发展的问题。从理论方面看，当前学界围绕教师课程决策的研究成果颇多，在中国教育课程改革已全面进入深水区的前提下，学界的已有研究也正在逐步扭转以往单一的、固有的课程决策理论概念的局面。同时，随着课程社会学研究的实践转向，从社会学的视角出发重新审视教师课程决策，能够在很大程度上解蔽教师课程决策的社会学意蕴。基于此，本书充分借鉴吸收了社会学的相关理论，在研究视角上进行了创新性的突破。在社会学的理论视野下，对教师课程决策的内涵、构成要素、来源与特征、运行过程等进行了多维的、系统的剖析，这为后续研究的顺利开展提供了坚实的理论支撑。从实践方面看，本书是在新时代全面推进与落实学生核心素养发展以及中国课程社会学研究的有益补偿背景下，聚焦当前实践场域中教师课程决策面临的困境撰写而成的，这也是我多年来从事教育社会学、教师课程决策等研究的创新性成果。纵览全书，力图在新时代学生素养落地的诉求背景下，尝试分析教师课程决策的社会学基础，进一步结合所收集的数据剖析教师课程决策的异化与影响因素。最终，本书在社会学的理论指导下，提出了核心素养背景下教师课程决策的优化策略，从而整体建构出新时代教师课程决策的社会学理论分析框架。整体而言，本书以学生核心素养的培育与发展作为时代背景，以社会学的视角凸显出了教师课程决策的主轴性，让教师真正成为课程决策的主体，进而在探究和反思的基础上，为学生核心素养的培育提出科学有效的实现途径，最终助推核心素养的落地落实。

　　于我个人而言，本书能立足于学生核心素养培育发展的时代背景，紧扣社会学的基石，对教师课程决策进行系统梳理与剖析反思，这意味着需要承担艰巨的职责感与深厚的使命感。为此，我们围绕研究主题制订了科学的研究方案，也明晰了本研究的重点和难点，这均为本书的完成奠定了坚实的基础。整体而言，本书的重点在于：第一，从社会学的视角出发，深入解读教师课程决策的内涵、构成要素、来源特征、运行过程及相应的社会学理论基础。在此部分，本书充分借鉴与融入了大量的社会学相关理论知识，如集体行动理论、社会网络理论、公共生活理论等，这均为教师课程决策的研究提供了一个崭新的理论分析框架。第二，本书聚焦于核心素养背景下教师课程决策的异化问题，进而基于社会学视角探寻核心素养背景下教师课程决策的影响因素，最终明确核心素养背景下教师课程决策在社会学意义上的实现路径。同时，开展教师课程决策的社会学研究，需要参考阅读大量的社会学相关理论文献并对其进行系统梳理；还需要遵循社会学视角对教师课程决策的实践数据进行挖掘与分析。这对于我个人来说也是一个很好的学习和提高的机会。

感谢我指导的研究生丁玉萍、陈栎旭、蒋维西、崔亚雪、刘笑、刘燕群、李晓漪、王萌萌、刘梦臻、李婧瑶、朱芮、莫迪、王晴等同学。近年来，我和多位研究生同学在《教育研究》《课程·教材·教法》《社会科学战线》《民族教育研究》《南京社会科学》《内蒙古社会科学》等期刊上聚焦课程决策主题合作发表了一系列的研究成果。他们或是直接参与到教师课程决策的研究中，或是承担了部分关于本书相关资料的查找、整理和校对等工作，感谢他们为此付出的辛勤努力！

承蒙中国社会科学出版社喻苗老师对本书所做的大量细致入微的编辑与审查工作，以及对本书的撰写所提出的宝贵意见和给予的精神鼓励，使本书得以顺利出版！

李洪修
2023 年 12 月